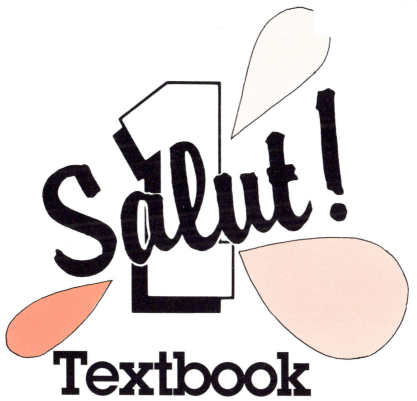

Nouvelle Edition!

THE EDUCATIONAL COMPANY OF IRELAND
in association with
INSTITIÚID TEANGEOLAÍOCHTA ÉIREANN

Acknowledgments

Institiúid Teangeolaíochta Éireann wishes to thank teachers and colleagues who helped in various ways and in particular those who kindly provided comments and suggestions for this edition. The assistance of the French Cultural Service and of the Alliance Française is also gratefully acknowledged.

The Institute also wishes to acknowledge the voluntary assistance of those who contributed to the development of the original edition and who at that time were in the schools or institutions indicated here:
T. Boissé, Vocational School, Ballyfermot, Dublin 10 – M. Byrne, Greendale Community School, Kilbarrack, Dublin 5 – M. Clancy, Alexandra College, Milltown, Dublin 6 – P. de Brí, Vocational School, Blessington, Co. Wicklow – E. Delahunty, Loreto College, St Stephen's Green, Dublin 2 – J. Doherty, Newpark Comprehensive School, Blackrock, Co. Dublin – C. Edge, Newpark Comprehensive School, Blackrock, Co. Dublin – S. Feerick, C.B.S., Synge Street, Dublin 8 – F. Fleming, Loreto College, St Stephen's Green, Dublin 2 Marie-Annick Gash, – K. Groeger, Mayfield Community School, Cork H. Harnett, St Dominic's College, Cabra, Dublin 7 – E. Heynen, Ramsgrange Community School, New Ross, Co. Wexford – Sr M. Hughes, St Louis Convent, Rathmines, Dublin 6 – A. Hyland, Ramsgrange Community School, New Ross, Co. Wexford – D. Johnston, Midleton College, Midleton, Co. Cork – M. Kelly, St Dominic's College, Cabra, Dublin 7 – J. Larkin, Vocational School, Pearse Road, Sallynoggin, Co. Dublin – C. Llewellyn, Clongowes Wood College, Naas, Co. Kildare – M. Carney-Lyndon, Community School, Birr, Co. Offaly – C. McCarthy, Vocational School, Pearse Road, Sallynoggin, Co. Dublin – S. McSweeney, c/o Dept of Higher Education & Research, Trinity College – S. Maher, C.B.S., Synge Street, Dublin 8 – C. Murphy, Pearse College, Sundrive Road, Crumlin, Dublin 12 – E. Murphy, St Patrick's College, Drumcondra, Dublin 9 – B. O'Meadhra, De La Salle College, Raheny Road, Raheny, Dublin 5 – M. O'Reilly, Rockford Manor, Stradbrook Road, Blackrock, Co. Dublin – B. Ormsby, St Louis Convent, Kiltimagh, Co. Mayo – R. Perry, Dominican Convent, Eccles Street, Dublin 1 -M. Power, Midleton College, Midleton, Co. Cork – V. Smith, Vocational School, Castleblayney, Co. Monaghan – H. Stillman, Rathdown School, Glenageary, Co. Dublin — J. Toland, St Eunan's College, Letterkenny, Co. Donegal – M. Varilly, Newpark Comprehensive School, Blackrock, Co. Dublin — J. Walton, Sutton Park School, Sutton, Dublin 13

Special assistance was provided at that time by: David Little and the staff of C.L.C.S. in T.C.D., Michael Foley and staff of the Audio Visual Centre, U.C.D.; the staff of the French Cultural Service; Jean-Paul Pittion, French Department, T.C.D.

Recordings

Producer: Jean-Paul Pittion
Recording artists: C.E. Balay, S. Batt, A. Chapon, I. Fortanier, M.A. Gash, C. Hélot, M. Labertrande, C. Piquion, J.P. Pittion, C. Volat, L. Marie and many teenagers.
Studio: Trend Studios, Dublin.
Sound Engineer: Paul Waldron.

The publishers wish to thank the following for permission to reproduce copyright material in this book:
- Camera Press Ltd
- Radio Telefís Éireann
- Bayard-Presse, 3 rue Bayard, 75008 Paris
- Mary Glasgow Publications Limited, 140 Kensington Church St, London W8 4BN
- Les éditions Folio
- Podium Hit BP 415.08 75.366 Paris Cedex 08
- TPE Magazine Rock, 5 passage Boutet, 94110 Arcueil France Syndicat d'Intiative
- de Castres
- Lycée-Collège Privés Presentation De Notre-Dame, 7 bd Maréchal Foch, 81103 Castres.

In a few cases the Publishers have failed to trace copyright holders. However, they will be happy to come to a suitable arrangement with them at the earliest opportunity.

	Themes and tasks	Grammar
1	**Greetings (p 11)** Saying hello/saying your name asking how someone is/saying goodbye	Je m'appelle (Pat) Tu and Vous Comment vas-tu? Comment allez-vous?
2	**Meeting people/Schoolbag contents (p 17)** Introducing yourself/asking someone his/her name/checking who someone is/ Introducing someone spelling in French Asking what something is in French	Personal pronouns: je, tu, il, elle, on, nous, vous, ils, elles. être (je suis, tu es, vous êtes, c'est) Indefinite article: un, une, des
3	**Numbers/Your French classroom (p 26)** Using numbers in French to say your age/birthday/phone number Describing your classroom	avoir: j'ai, tu as, etc. Definite article: le, la, les
4	**Your family (p 35)** Saying where your family lives/talking and writing about your family/ Introducing your family Saying that you like/ don't like something	habiter: J'habite... etc. possessive adjective: mon, ma, mes. c'est ... ce sont J'aime ... je n'aime pas
5	**Likes and dislikes (p 49)** Saying how much you like/don't like something/talking about your favourite day/season	-ER regular verbs: adorer ... détester ne ... pas
6	**Home (p 65)** Reading about houses and flats in France Describing your home Saying where things are Saying what housework you do	Il y a adjectives of colour: vert (masc.) verte (fem.) Où est? ... Où sont? prepositions: dans, sous, sur, devant, derrière, entre. faire: Je fais la vaisselle ...
	Focus on learning (p 84) How to use your dictionary/ Tips for the good language learner	

7	**Finding your way (p 95)**
	Asking and giving directions
	
	Project work
		Pour aller
		  à la (poste) ?
		  à l'auberge de jeunesse ?
		  au cinéma Le Lido ?
		aller: Je vais...etc.

Themes and tasks	Grammar
8 Free -time activities/The future (p 109) Asking people what they do in their spare time/saying what your pastimes are/giving your opinion about pastimes	Qu'est-ce que ...? aimer + infinitive: J'aime jouer au foot; Je joue au basket Je joue de la guitare lire: je lis ... etc. sortir: je sors ... etc.
Asking people if they like certain pastimes	Questions: Est-ce que tu aimes ? Tu aimes ? Aimes-tu ?
Saying what you are going to do	Le futur proche: aller + infinitive Je vais jouer au tennis;
Making and responding to suggestions	On joue ...?/ Tu veux jouer ...?
9 Time/Food and Drink (p 126) Asking and saying what time it is Describing a typical(school) day Time around the world	reflexive verbs: se lever Je me lève à 8h ... etc. en Irlande / en France au Japon / aux États-Unis
Asking for/offering something to eat or drink Accepting and refusing	Pouvoir: Je peux ... etc. Partitive article (some/any): du, de la, de l', des vouloir, prendre
10 School (p 145) Talking about school subjects/saying why you like/don't like school subjects Saying how you go to school Reading about school-rules/reading canteen menus/project work	-IR regular verbs: finir Tu aimes ...? Pourquoi? Parce que ... Je vais à l'école à pied/en autobus
11 Pets and other animals (p 169) Describing your pet/reading about animals	-RE regular verbs: vendre
12 The past (p 183) Talking about what you did last weekend	Le passe composé - J'ai regardé - J'ai fini - J'ai vendu - Je suis allé(e)

Christmas (p 194)
Reading texts (p 198) and (p 77) of the workbook
Grammar(p 201)
Glossary (p 205)

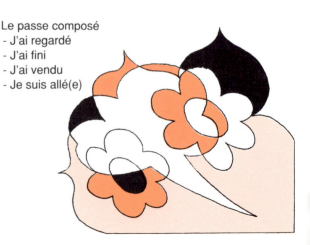

Introduction

- **Welcome to "Salut!"**, a course to help you to learn French and to get to know France and the way of life of its people, and also of those who speak French in different parts of the world.

- **Why learn a foreign language?**

  If we are to be able to communicate with our neighbours in Europe, and to really understand them, we need to speak their languages. Knowing another language and way of life also helps us to appreciate our own much better. We are very lucky in having both English and Irish as part of our culture and we can build on this when learning languages so that we become more aware of what language is and how we use it.

- **Why French?**

  French is an ideal foreign language to learn. It is spoken by over 120 million people in many parts of the world as their first language and by 220 million people on a daily basis around the world as you can see on the map on page 9. It is a "world language" as it is one of the official languages of many international organisations, e.g. United Nations Organisation, International Red Cross, Council of Europe, etc. It is also very helpful to know French if you need to learn another language from the same "family", e.g. Spanish or Italian, as these are 'cousins' and have much in common. And of course, French will help you to get an interesting job as contacts between Ireland and French speaking countries (*La Francophonie*) are very important for trade, tourism, insurance, banking, technology, etc.

- **Enjoy yourself**

  We hope that your experience as a learner of French will help you to become a 'good', confident learner with lots of 'know-how' and tricks which help you to cope with a new language. Have fun and Good Luck! *Bonne Chance*!

You already know some French as we use quite a number of French words in English and of course there are some words which are fairly similar in both French and English.

La France

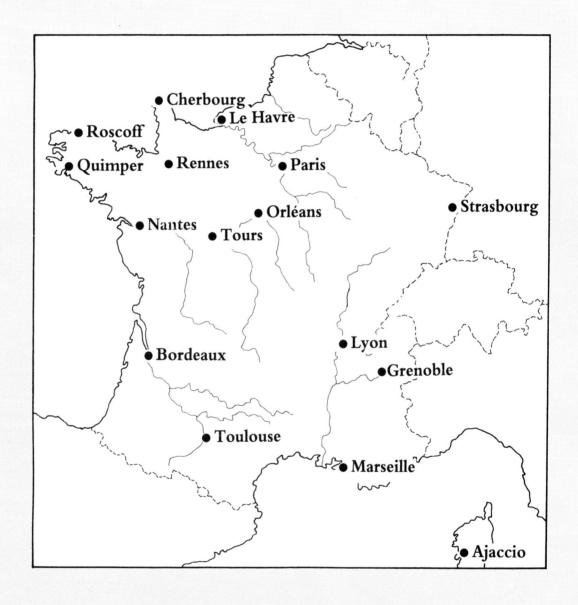

Ici, on parle français

l'Europe
1. la France
2. la Belgique
3. le Luxembourg
4. la Suisse

l'Amérique
5. le Québec
6. Saint-Pierre-et-Miquelon
7. la Louisiane et la Nouvelle Angleterre
8. Haïti
9. les Antilles (la Guadeloupe, la Martinique, Saint-Martin)
10. la Guyane

l'Afrique
11. le Maroc
12. l'Algérie
13. la Tunisie
14. la Mauritanie
15. le Mali
16. le Niger
17. le Tchad
18. le Sénégal
19. la Guinée
20. la Co<te d'Ivoire
21. la Haute Volta
22. le Togo
23. le Bénin
24. le Cameroun
25. la République Centrafricaine
26. le Gabon
27. le Congo
28. le Zaïre
29. Djibouti
30. Madagascar
31. la Réunion

l'Océanie
32. la Nouvelle-Calédonie
33. la Polynésie française

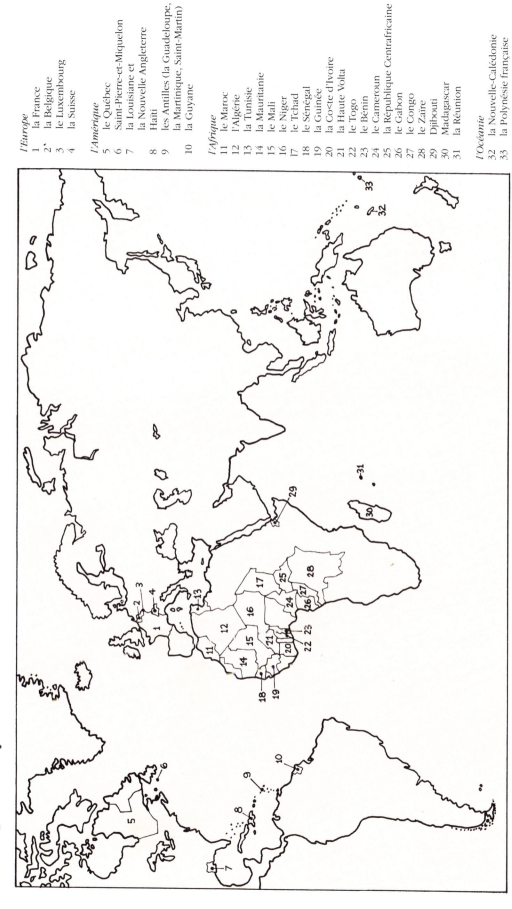

- **Learning a new language**

    You will be able to understand more French than you can speak or write, so take your time, relax and, especially at the start, enjoy listening to the sound of the language. You can learn off little pieces in the beginning and gradually you will be able to say more and more and to create your own expressions.

    When listening and reading you can have fun guessing if you're stuck (there are always a few clues to help you).

    It's the same when speaking – have a go – take a chance – it's a great way to learn!

    You'll meet new words as you go along so try to find a way of organising them that suits you, for example a vocabulary notebook, little cards, etc.

    You can check your progress at regular intervals and there is a section at the end of each unit to help you.

    You will gradually find the ways of learning that suit you best and there are some "Tips for the 'good' language learner" to guide you on page 88, just after Unité 6. You might like to have a look at some of them from time to time.

    How about keeping a diary of your learning? You might write down in a special copy how you feel, what you find interesting or boring, hard or easy, etc. This can help your teacher to help you. Here is an example but you might prefer to make your own.

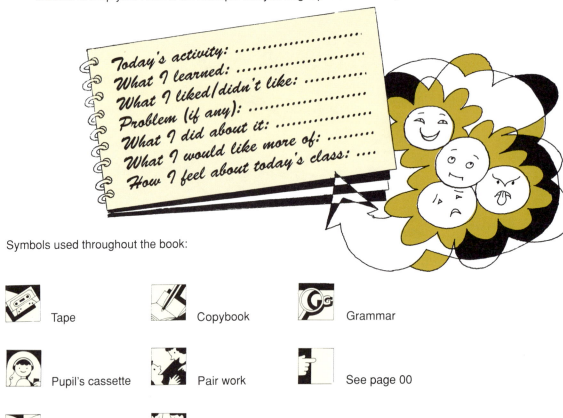

Symbols used throughout the book:

Tape	Copybook	Grammar
Pupil's cassette	Pair work	See page 00
Workbook	Group work	

Unité 1

- saluer — Page 12 — saying hello
- dire son nom — 12 — saying your name
- comment va quelqu'un — 13 — asking how someone is
- prendre congé — 16 — saying goodbye

Saying hello (page 12)	Bonjour, Paul	Salut, Claire
Saying your name (page 12)	Je m'appelle Pat. Et toi ?	Moi, je m'appelle Seán.
Greetings Asking how someone is (using **tu**) (page 14) Saying how you are	Ça va? Tu vas bien? Comment vas-tu?	[OUI] Très bien, merci Assez bien Ça va Pas mal [NON] Bof Comme-ci comme-ça Pas très bien
Greetings Asking how someone is (using **vous**) (page 14) Saying how you are	Vous allez bien? Comment allez-vous?	[OUI] Très bien, merci Assez bien [NON] Pas très bien
Saying goodbye (page 16)		Salut! À demain À bientôt Au revoir

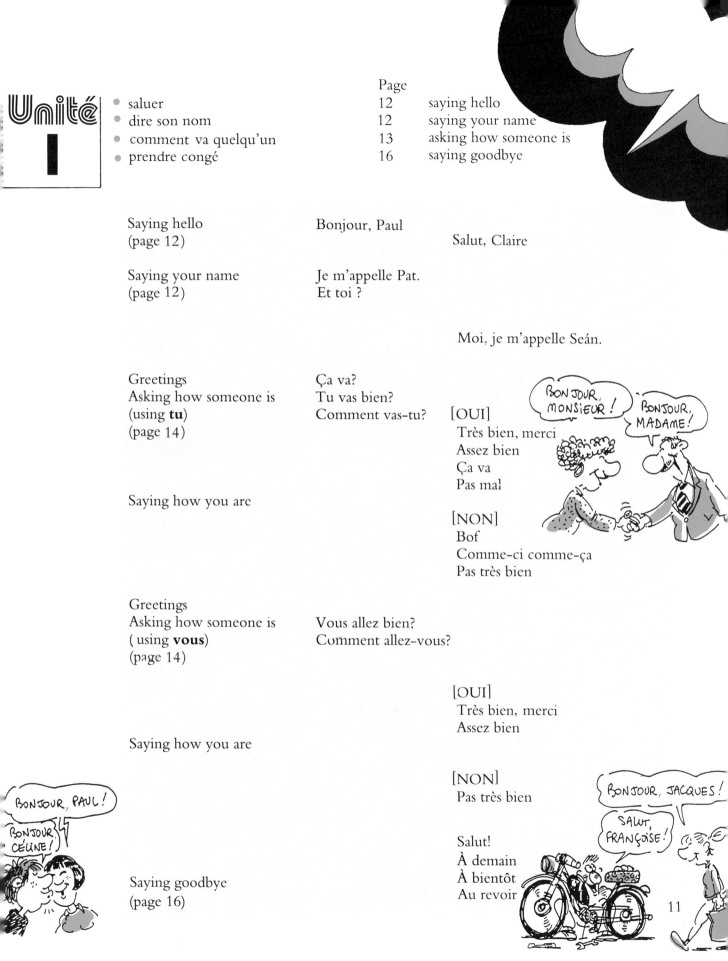

ÇA VA?/*HOW ARE YOU?*

Did you notice that the French have a special way of greeting one another?

They usually shake hands or kiss each other several times on both cheeks when meeting and when saying goodbye. (2, 3 or 4 times depending on the region).

- Girls usually kiss each other on the cheeks
- Boys and girls also kiss each other on the cheeks
- Boys shake hands
- Adults who don't know one another well usually shake hands

A young person is almost always addressed as *tu*.
You also use *vous* when you are talking to several people.
For example when the teacher says hello to the whole class:
'Bonjour tout le monde, comment allez-vous?'

10 Which of these would you use when speaking to your teacher:

> Comment allez-vous?
> OR
> Comment vas-tu?

11 **Complète le dialogue dans le cahier d'exercices.**

12 **Joue et écris le dialogue.**

13 1.9 **Il y a 3 dialogues.**
Who uses *tu* and *vous*?

(a) Husband and wife use ★★★ to each other.

(b) Father and daughter use ★★★ to each other.

(c) Pupils use ★★★ when speaking to the teacher.

(d) The teacher uses ★★★ when speaking to a pupil.

(e) You use ★★★ when speaking to a classmate.

(f) You use ★★★ when speaking to a group of classmates.

PRENDRE CONGÉ / *SAYING GOODBYE*

 Would you say **Salut!** or **Au revoir** when saying good-bye to a salesperson in a shop in France?

EN CLASSE

Qu'est-ce qui se passe?
What's happening?

Écoutez et répétez.

Ça va? Ça va.

Ça va bien? Ça va bien.

Ça va ? Ça va bien. Et toi? Ça va.

Évalue tes progrès.

Unité 2

- demander à quelqu'un son nom — Page 18 — asking someone his/her name
- dire son nom — 18 — saying your name
- présenter quelqu'un — 20 — introducing someone
- vérifier l'identité de quelqu'un — 21 — checking who someone is
- épeler en français — 22 — spelling in French
- demander comment on dit quelque chose en français — 23 — asking what something is in French

Asking someone his/her name (page 18)
Comment tu t'appelles?
Comment vous appelez-vous?

Giving your name
Introducing yourself (page 18)
Je m'appelle Anne.
Je suis Marc.
Moi, c'est Nadine.

Introducing someone (page 20)
Jacques, c'est Nadine.
Nadine, voilà Jacques.

Checking who someone is (page 21)
Tu es Claudine Morel?
C'est toi Pat O'Brien?
Vous êtes Mme Picot?

Oui, c'est moi

Asking what something is in French (page 23)
Comment on dit *ruler* en français?

On dit une règle

TON NOM/YOUR NAME

1 **Comment tu t'appelles?**
Comment vous appelez-vous?

2 **Tu** *or* **vous**

If you were to meet the following people would you use:
Comment tu t'appelles *or* Comment vous appelez-vous?

1. Your new French teacher.
2. A new exchange student in your school.
3. A friend of your parents from France.
4. A French boy/girl at a disco.

3 **Jeu de rôle:**

It's your first day at school. *Joue le dialogue.*

A (Say hello. Say your name.)
B (Say your name. Ask C his/her name.)
C (Say your name.)

4 **Dialogue fou.**

Fais deux dialogues avec ces phrases.

(a) Salut ! — Moi c'est Olivier — Comment tu t'appelles? — Salut! — Amandine, et toi? — Bof! — Tu vas bien Olivier?

(b) Assez bien merci — Madame Vidal — Comment allez-vous? — Bonjour Monsieur — Bien merci et vous? — Bonjour Madame — Comment vous appelez-vous?

5 Fais des phrases

- JE
- TU
- VOUS

- VOUS APPELEZ
- ALLEZ
- M'APPELLE
- VAS
- T'APPELLES

- BIEN
- CLAUDE
- MADAME RIVALS
- MARIE-CLAIRE

6 French names

With your teacher try to pronounce these names. Which names are spelt the same or almost the same in English but pronounced differently?

Clémence, Émilie, Patricia, Marie-Odile, Céline, Amandine, Sylvie, Anne, Agnès, Cécile, Claudine, Marie, Marie-Elise, Catherine, Sophie, Nadine, Caroline, Isabelle

Dominique, Charles, André, René, Grégoire, Édouard, Marc, Jean-Paul, Pierre, Pierre-Emmanuel, Luc, Sylvain, Éric, David, Jean-Philippe, Bertrand

7 Les Prénoms à la Mode

En 1985 les prénoms les plus populaires pour les enfants étaient **Émilie** pour les filles et **Julien** pour les garçons.

En 1980 c'était **Marie** pour les filles et **Nicola**s pour les garçons. Et en 1912 **Pierre** et **Marie-Louise**. Et en 1995 ?

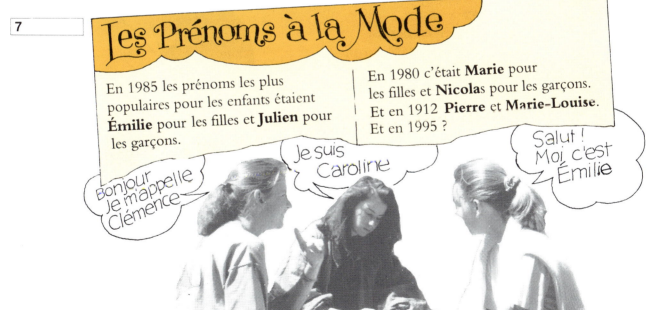

- Bonjour Je m'appelle Clémence
- Je suis Caroline
- Salut! Moi c'est Émilie

8 2.2 Écoute

You will hear four dialogues. As you listen trace them in your workbook. The first one is done as an example.

9 Comment s'appellent-ils?

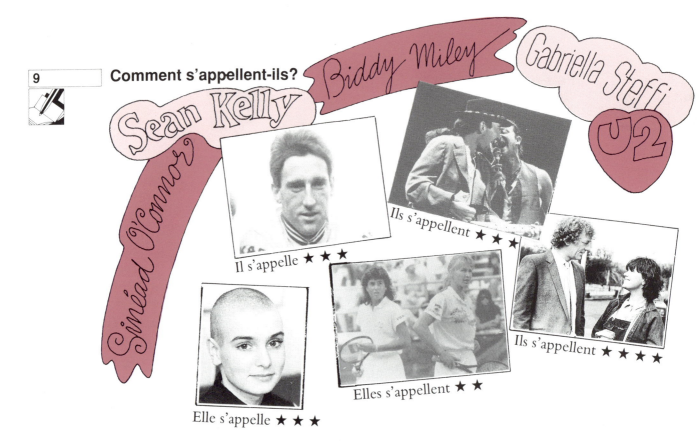

Il s'appelle ★ ★ ★
Ils s'appellent ★ ★ ★
Ils s'appellent ★ ★ ★ ★
Elles s'appellent ★ ★
Elle s'appelle ★ ★ ★

N.B. When you are talking about Miley (*il*) and Biddy (*elle*) together you use **ILS** (they).

10 **Mots croisés**
Trouve l'équivalent en anglais.

VOILÀ (PAUL)
C'EST (SOPHIE)
INTRODUCING SOMEONE

11 2.3 **Émile présente Sophie à son père**

Émilie: Salut, ça va?
Sophie: Ça va .
Émilie: Entre.
Sophie: Merci.

Émilie: Papa, voilà Sophie. Sophie, voilà papa.
Papa: Bonjour, Sophie.
Sophie: Bonjour, monsieur.

12 2.4 **Présentation**

Sur le modèle de la cassette présente un/une ami(e) à
(a) des amis
(b) ta famille

13 Corinne présente Pierre à sa mère.

Joue et écris le dialogue.

14 Make sense out of this jumbled dialogue.

15 2.5 **TU ES CLAUDINE MOREL?**
CHECKING WHO SOMEONE IS

| 16 | **Les petites annonces** |

Éric and Émilie are looking for penpals. Who would suit them best —
Monique, Anne or Julien?

Tip: There are some key words which look like English words.
Can you guess the rest? **Devine!**

Éric (Paris) cherche correspondant au Canada. Adore la musique rock.

Émilie (Lyon) cherche correspondant en Irlande. Adore le cinéma.

Je m'appelle Monique. J'ai 13 ans. Je suis française. J'habite à Nice. J'adore la gymnastique et la danse.

Je m'appelle Anne McCarthy. J'ai 12 ans. Je suis irlandaise et j'habite à Cork. J'adore la danse, les films et la télévision.

Je m'appelle Julien Frène. J'ai 14 ans. Je suis canadien et j'habite à Montréal au Québec. Je parle français et anglais. J'adore la musique rock.

| 17 | **Rendez-vous** |

Nathalie is meeting her Irish pen friend Ann for the first time and wants to check that it is she.

| 18 | **Rendez-vous** |

Monsieur Pastier has an appointment to meet Monsieur David.
They have not met before. **Complète le dialogue.**

ÉPELER/*SPELLING*

| 19 | 2.6 |

Écoute l'alphabet français

A — B — C — D — E — F — G — H — I — J — K — L — M — N — O — P — Q — R — S — T — U — V — W — X — Y — Z

Et maintenant répètez A — B — C— — -Z.

N.B. Notice how we say E, I, G, J, W, Y **en français.**

20 Épelle les sigles suivants:

U.S.A. R.T.E. E.S.B. B.N.P. S.N.C.F. P.T.T. U.R.S.S. S.O.S. C.I.A. F.A.I.

21 2.7 **Comment s'appellent-ils?**

22 2.8 **Le jeu du pendu**

B ★ ★ ★ O ★ ★

✳ La lettre B?
★ Oui, il y a un B.
✳ La lettre E?
★ Euh, non, il n'y a pas de E.
✳ La lettre O?
★ Oui, il y a un O.
✳ Je sais. C'est bonjour.
★ Très bien.

il y a
there is/are
il n'y a pas
there isn't/aren't

23 2.9 EN CLASSE

✳ Pardon, mademoiselle, comment on dit 'thank you' en français?
★ En français on dit 'merci'. M-E-R-C-I.
✳ Merci, mademoiselle.

✳ Excusez-moi, monsieur, comment on dit 'book' en français?
★ En français, on dit 'livre'— un livre.
✳ Merci, monsieur.

✳ Pardon, madame, comment on dit 'ruler' en français?
★ En français, on dit 'règle'— une règle.
✳ Merci, madame.

EXCUSEZ-MOI MADEMOISELLE

PARDON MONSIEUR...

24

UN/UNE — A/AN *(INDEFINITE ARTICLE)*

Read the dialogue in Exercise 23 again and see if you can work out how you say **a** book and **a** ruler in French.

Did you notice that there were two words for 'a'?
un livre and **une** règle

This is because in French, as in many other languages (e.g. Irish), nouns are divided into masculine and feminine.

Nouns which use '**un**' for 'a' are MASCULINE – un livre.
Nouns which use '**une**' for 'a' are FEMININE - une règle.

Whenever you learn a noun in French, you MUST learn it with '**un**' or '**une**' so that you will know whether it is masculine or feminine.

25

Pose des questions à ton professeur

Practice using **un** and **une** by asking your teacher what the objects in the picture are called. For example:
Comment on dit '*pencil case*' en français?

When your teacher replies — and spells the word for you — write it down. You could list the words in two columns, one headed **un** for masculine words and one headed **une** for feminine words.

Tip: Can you find a way that helps you to remember words?

car/table

See the tips for learning vocabulary on p. 91.

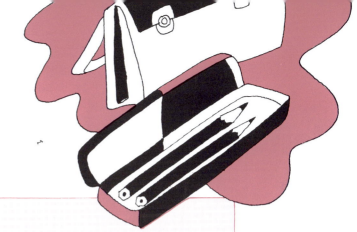

26 Regarde la photo

Qu'est-ce que tu mets dans:

une trousse? un cartable?

> **DES (Plural of un/une)**
>
> If you want to talk about several things, you will need to know the plural for un/une. It is **'des'**: *des livres, des stylos*.
> (Lots of words add an **s** in the plural – just as in English.)

27 2.10 Un, Une, Des
Coche la bonne case

28 Mots cachés

RÉSUMÉ
See the language chart on page 17.

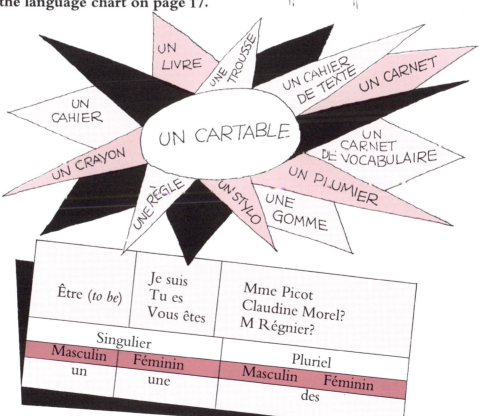

Être (*to be*)	Je suis Tu es Vous êtes	Mme Picot Claudine Morel? M Régnier?
Singulier		Pluriel
Masculin	Féminin	Masculin / Féminin
un	une	des

Un livre, Une trousse, Un cahier de texte, Un carnet, Un cahier, UN CARTABLE, Un carnet de vocabulaire, Un crayon, Un plumier, Une règle, Un stylo, Une gomme

Évalue tes progrès.

Unité 3

- utiliser les nombres pour dire
  - ton âge
  - ton anniversaire
  - ton numéro de téléphone
- comprendre de petits textes sur des personnes célèbres

Page
31 using numbers in French to say
  - your age
  - your birthday
  - your phone number
33 understanding short texts about famous people

Asking someone his/her age using **tu** (page 31)	Tu as quel âge? Quel âge as-tu?
Saying how old you are	J'ai douze ans (12)
Asking how old you are using **vous** (page 31)	Vous avez quel âge? Quel âge avez-vous?
	J'ai quarante ans (40)
Asking someone when his/her birthday is (page 32)	C'est quand ton anniversaire? (**tu**) C'est quand votre anniversaire? (**vous**)
Saying when your birthday is (page 32)	Mon anniversaire est le 13 juillet.
Asking someone his/her phone number (page 29)	Tu as le téléphone? Vous avez le téléphone?
	Oui, c'est le 63 35 26 42. Non, je n'ai pas de téléphone.

LES NOMBRES/NUMBERS

1 3.1
Écoute ces nombres.

1 un	2 deux	3 trois	4 quatre	5 cinq
6 six	7 sept	8 huit	9 neuf	10 dix
11 onze	12 douze	13 treize	14 quatorze	
15 quinze	16 seize	17 dix-sept	18 dix-huit	
19 dix-neuf	20 vingt	21 vingt et un	22 vingt-deux	

23 vingt-trois	24 vingt-quatre	25 vingt-cinq	26 vingt-six
27 vingt-sept	28 vingt-huit	29 vingt-neuf	30 trente
40 quarante	50 cinquante	60 soixante	70 soixante-dix
71 soixante et onze	72 soixante-douze	80 quatre-vingts	81 quatre-vingt-un
90 quatre-vingt-dix	91 quatre-vingt-onze	100 cent	

2 **Écris les chiffres (1 - 20).**

Exemple: treize = 13

3 **Trouve l'ordre des lettres (1 - 20).**

Exemple: TUIH = HUIT

4 3.2 **Tu es fort(e) en maths?**
Fais l'exercice et puis écoute la correction.

1 + 2 = 3   un plus deux égale trois
4 + 5 = ?
6 + 7 = ?
8 + 10 = ?

+ plus
− moins

12 − 11 = 1   douze moins onze égale un
17 − 14 = ?
20 − 15 = ?
19 − 16 = ?

5 3.3 **Écris les chiffres en lettres.**

Puis écoute le corrigé.
Exemple 3 = Trois

6 **Trouve l'ordre des lettres** (1 — 50).

NIVTG-DXEU   UIQZEN   NTERTE-XIS
XID-FUNE   IVGNT-ESTP   UATAENQR-EAQRUT
RNTTEE-RTSOI UQRANAET-UHTI   QIAENNTUC

7 **Jeu pour toute la classe**

Fizz-Buzz

As you are counting from 1- 50 around the class
- Replace the number 5 and all multiples (10, 15, 20, etc) with the word 'buzz'.
- Replace the number 7 and all multiples (14, 21, 28, etc) with the word 'fizz'.
- Replace the numbers which are multiples of 7 and 5 (35) with the word 'fizzbuzz'.

As soon as someone makes a mistake he/she is out of the game.

8 3.4 **LOTO**

Complète la carte du loto. When you complete a line you say *Quine* (Bingo).

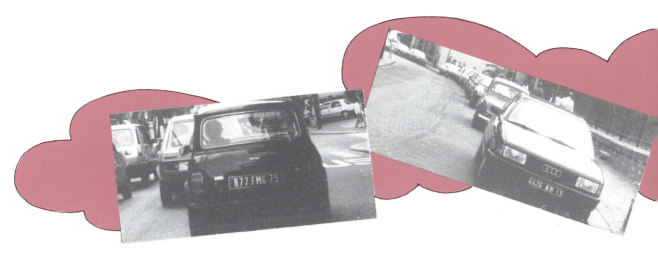

In France you can tell where a car comes from by the last number on the number plate. This is the number of the *département*. There are 95 *départements* in France.

 Ils ont le téléphone?

A Note le numéro.

(a) ✶ Tu as le téléphone?
 ★ Oui, c'est le ✶✶✶✶✶✶✶✶.
 ✶ Attends, je note. Le (✶✶), c'est ça?
 ★ Oui, c'est ça.

(b) ✶ Vous avez le téléphone?
 ★ Oui, bien sûr. C'est le ✶✶✶✶✶✶✶✶.
 ✶ Bien, merci.

(c) ✶ Tu as le téléphone?
 ★ Non, je n'ai pas de téléphone.

B Why is '**vous**' used in dialogue (b) and '**tu**' in dialogues (a) and (c)?

 Conversations au téléphone

Complète les messages.

Salut Julien
S'il te plaît téléphone
à _____ au _____
C'est très _____
                    Isabelle

Téléphonez à Monsieur
_____ au _____,
C'est _____
Mademoiselle Travers

11 Allô, entrée en sixième

This is an extract from a magazine. Who would read this?

Tu commences l'école secondaire? Tu as un problème? Téléphone au magazine *Okapi* les 7 et 8 septembre de 8 h à 20 h. Tél: 16 (1) 40.70.69.15

Do you think this would be a good idea in Ireland?

12 **3.7** Remplis la grille.

Bonjour, je m'appelle Claude. Dans ma chambre j'ai une chaîne hi-fi, une table, des livres, et un lit bien sûr. J'ai aussi une lampe et des posters de Bros.

Bonjour, je m'appelle Sylvie. Dans ma chambre j'ai des disques, des cassettes et une chaîne hi-fi. J'ai des posters de Jason Donovan. J'ai bien sûr un lit et une armoire.

Copie la grille dans ton cahier.

Claude	Sylvie	Claude et Sylvie
Il a	Elle a	Ils ont

Avoir
(to have)

J'ai	une chaîne hi-fi
Tu as	le téléphone
Il/elle/on a	des cassettes
Nous avons	un cartable
Vous avez	des disques
Ils/elles ont	des posters

13 Relie pour faire des phrases.

14 Et toi, qu'est-ce que tu as dans ta chambre?
Moi, j'ai _____.

TON ÂGE/YOUR AGE

A Quel âge as-tu?
  * Salut! Comment tu t'appelles?
  ★ Je m'appelle Sylvie. Et toi?
  * Moi, c'est Jean-Paul.
  ★ Quel âge as-tu?
  * J'ai douze ans. Et toi, tu as quel âge?
  ★ J'ai quinze ans.

B Quel âge avez-vous?
  * Bonjour. Comment vous appelez-vous?
  ★ Je m'appelle Madame Abadie. Je suis actrice.
  * Quel âge avez-vous?
  ★ J'ai 40 ans.

Notice that we say **J'ai 12 ans** (literally: I have 12 years).

Jeu de rôle *Role play*
Choose one of the young people and practise this dialogue with your partner.

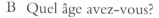

Caroline 13

David 12

Marie-Odile 14

Jean-Philippe 15

Comment tu t'appelles? Quel âge as-tu? → Je m'appelle Mary J'ai douze ans → Et toi?

Joue ce dialogue
What could you say to this young French person if you met her?

Hello
How are you?
Name?
Age?
Telephone?

Avoir

Complète avec le verbe

19 3.9 Des français se présentent
Coche la bonne case.

20 3.10 Les mois de l'année

janvier février mars avril
mai juin juillet août
septembre octobre novembre décembre

Did you notice that the months in French are not written with a capital letter?

21 3.11 C'est quand ton anniversaire?
Note la date de l'anniversaire pour ces quatre personnes.

22 Écris ces dates.

1. La date de ton anniversaire.
2. La date où tu as commencé à l'école secondaire.
3. L'anniversaire de mariage de tes parents.
4. L'anniversaire de ton ami(e).

23 Remplis la carte d'identité.

24 3.12 Écoute le groupe qui chante "Joyeux Anniversaire"
Vous pourriez mieux faire?! *Can you do better?!*

25 Prépare une carte pour l'anniversaire de ton ami(e).

26 Bon anniversaire

Copie la grille dans ton cahier.
Lis les textes et remplis la grille.

1. Alain Delon is 56.
2. He is a film star.
3. Stephen Roche lives in France.
4. He is married with 2 children.
5. Kim Wilde doesn't speak French.
6. She has two children.

Vrai	Faux	On ne sait pas

8 novembre: Alain Delon, acteur de cinéma français, a cinquante-cinq ans.

18 novembre: Kim Wilde, chanteuse anglaise a trente ans. Les chansons de Kim ont beaucoup de succès en France. Elle parle français. Elle adore la cuisine japonaise.

28 novembre: c'est l'anniversaire de Stephen Roche, champion cycliste, gagnant du Tour de France 1987. Il a trente et un ans. Stephen est irlandais, mais il habite en France. Il a une femme et deux enfants.

27 THE DEFINITE ARTICLE

Le/La/Les — The

This is a list of objects you would find in a classroom. You learned some of these nouns in *Unité 2*, e.g. *un livre* (a book), *une gomme* (a rubber), *des livres* (books), *des gommes* (rubbers).
Now, instead of **un/une/des**, what are the words used before the nouns? As you already know some of the objects in the list, and whether they are masculine or feminine, find the words you know and try to work it out.

le is used in front of words that are ★★?
la is used in front of words that are ★★?
les is used in front of words that are ★★?

 Check the RÉSUMÉ on page 34 to see if you are right.

Note that you use **l'** instead of **le** or **la** when the word begins with a vowel (a e i o u) or h. This is to make pronunciation easier.

28

Le, la, l', les; un, une, des.
Remplis les blancs.

29 **Fais correspondre les mots et les dessins**

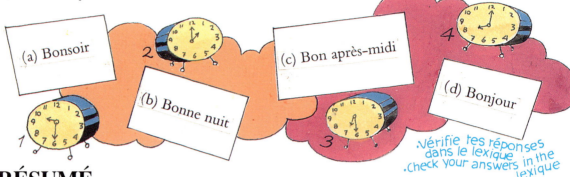

Vérifie tes réponses dans le lexique.
Check your answers in the lexique.

RÉSUMÉ
See the language chart on p 26.

Compter	1 un	11 onze	21 vingt et un	50 cinquante
	2 deux	12 douze	22 vingt-deux	60 soixante
	3 trois	13 treize		70 soixante-dix
	4 quatre	14 quatorze	30 trente	80 quatre-vingts
	5 cinq	15 quinze	31 trente et un	90 quatre-vingt-dix
	6 six	16 seize	32 trente-deux	100 cent
	7 sept	17 dix-sept		
	8 huit	18 dix-huit	40 quarante	
	9 neuf	19 dix-neuf	41 quarante et un	
	10 dix	20 vingt	42 quarante-deux	

L'article		singulier		pluriel
		masculin	féminin	masculin et féminin
	a	un	une	des
	the	le/l'	la/l'	les

Avoir (*to have*)

J'ai	12 ans
Tu as	une règle?
Il/elle/on a	le téléphone
Nous avons	des posters (de Jason Donovan)
Vous avez	une chaîne hi-fi?
Ils/elles ont	des cassettes

Les mois de l'année	janvier	mai	septembre
	février	juin	octobre
	mars	juillet	novembre
	avril	août	décembre

Évalue tes progrès.

Unité 4

- dire où tu habites
- comprendre de jeunes français qui parlent de leur famille
- parler et écrire de ta famille
- lire de petits textes sur Paris
- dire que tu aimes/n'aimes pas quelque chose

Page	
36	saying where you live
38	understanding young French people talking about their families
38	talking and writing about your family
44	reading short texts about Paris
45	saying that you like/don't like something

Asking someone where he/she lives
(page 36)

Tu habites où?
Vous habitez où?

Saying where you live
(page 36)

J'habite (à) Quimper
Nous habitons (à) Lille

Asking about someone's family
(page 38)

Tu as des frères et des soeurs?
Mademoiselle, vous avez des frères et des soeurs?

Talking about your family
(page 39)

J'ai un frère et une soeur,
J'ai deux frères mais je n'ai pas de soeurs.
Je suis enfant unique.

C'est mon père.
Voilà ma mère.
Ce sont mes parents.

Asking what someone likes
(page 45)

Qu'est-ce que tu aimes?

Saying that you like/don't like something
(page 45)

J'aime le chocolat.
Je n'aime pas la télévision.

OÙ HABITES-TU?/WHERE DO YOU LIVE?

1 4.1   Où habitent-ils? *Where do they live?*

A

Salut! Moi c'est Éric. J'ai 12 ans. J'habite Strasbourg. C'est une ville au nord-est de la France. Nous avons un parlement, le parlement européen.

Bonjour! Je m'appelle Sylvie. J'ai 14 ans et j'habite à Paris. Paris, c'est la capitale de la France. C'est une grande ville avec beaucoup de monuments, Notre Dame, Le Sacré Coeur, L'Arc de Triomphe et bien sûr la Tour Eiffel.

Bonjour. Je m'appelle Édouard. J'ai 13 ans. Moi, j'habite à Toulouse au sud-ouest de la France. C'est une grande ville. Nous construisons beaucoup d'avions, le Concorde, l'Airbus ….

B Fais correspondre les nombres et les lettres.

exemple: 1 — G

1	Pierre	A	Nantes
2	Clémence	B	Toulouse
3	Benoît	C	Bordeaux
4	Madame Tangy	D	Lyon
5	Cécile	E	Marseille
6	Caroline	F	Le Havre
7	M et Mme Durant	G	Paris

2   **Mets les phrases dans l'ordre**

A Toulouse habite j'

B habites tu Ajaccio?

C Bordeaux à nous habitons

D habitez à vous Strasbourg?

HABITER

J'habite
Tu habites
Il/elle/on habite
Nous habitons
Vous habitez
Ils/elles habitent

à Paris
Paris

You will learn more about verbs in *Unité 5*.

3 Sur le modèle de Bernard et Claudine, prépare ta carte d'identité.

Write down the questions that Bernard and Claudine were asked.
Then use them to complete an identity card for your partner.

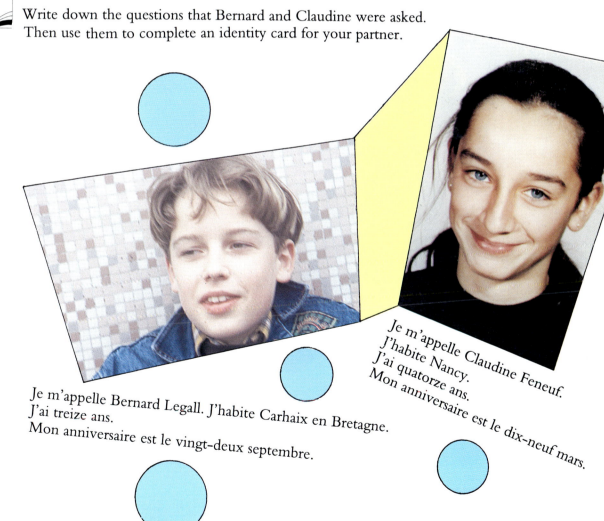

Je m'appelle Bernard Legall. J'habite Carhaix en Bretagne.
J'ai treize ans.
Mon anniversaire est le vingt-deux septembre.

Je m'appelle Claudine Feneuf.
J'habite Nancy.
J'ai quatorze ans.
Mon anniversaire est le dix-neuf mars.

37

LA FAMILLE/THE FAMILY

4

5 Complète l'arbre généalogique de ta famille dans le cahier d'exercices.

6 4.2 Écoute et remplis la grille.

7 Mots croisés

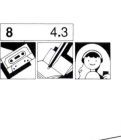

Lis les lettres de Céline et Olivier.
Puis remplis leur carte d'identité.

Chère Sarah,

Je m'appelle Céline, j'ai douze ans et j'habite à Marseille au sud de la France. Nous sommes six dans ma famille, mon père, ma mère, ma sœur Amandine, mon frère Benoît et mon chat Max. Mon frère a quatorze ans et ma sœur a quinze ans. J'aime beaucoup le tennis et la télévision. Et toi ? Écris-moi vite

Grosses bises
Céline

Attention !

Oui
J'ai un frère
J'ai une sœur
J'ai des livres

Non
Je n'ai pas de frères
Je n'ai pas de sœurs
Je n'ai pas de livres

Amitiés   Amicalement
À bientôt   Je t'embrasse
Bons baisers   Grosses bises
Je t'embrasse très fort

Cher Jean,

Je m'appelle Olivier, j'ai treize ans, et j'habite à Strasbourg à l'est de la France. J'ai deux sœurs mais je n'ai pas de frères. Mes sœurs s'appellent Émilie et Laurence. J'ai aussi un chien et un hamster. Ma sœur Émilie a dix ans et Laurence a dix-sept ans. J'aime le football et le basket. Et toi ?

Écris-moi vite
À bientôt

Olivier

9 MON/MA/MES...MY...

The possessive adjective

Read again the letters written by Céline and Olivier. What are the words they use to say 'my' (e.g. my brother(s), my sister(s)?)

Did you find the three words for 'my' in French?

Which word do you use with masculine (**le/un**) nouns?
Which word do you use with feminine (**la/une**) nouns?
Which word do you use with plural (**les/des**) nouns?

Did you work it out?

To say 'my' in French you use **mon** or **ma** or **mes**
  mon frère my brother
  ma soeur my sister
  mes livres my books

To say 'your' in French you use **ton** or **ta** or **tes**
  ton cartable your schoolbag
  ta soeur your sister
  tes stylos your pens

To say 'his/her' in French you use **son**, or **sa**, or **ses**
  son cahier his copy/her copy
  sa mère his mother/her mother
  ses frères his brothers/her brothers

Voilà mon cousin Marc

Masculin singulier	Féminin singulier	Masculin ou féminin pluriel	
mon (frère)	ma (soeur)	mes (frères)	mes (soeurs)
ton (crayon)	ta (cousine)	tes (crayons)	tes (cousines)
son (cahier)	sa (gomme)	ses (cahiers)	ses (gommes)

BUT...
If the word begins with a vowel (a, e, i, o, u) or h and is in the singular (only one) you always use **mon, ton, son**. This is to make pronunciation easier.

Exemple: une amie ⟶ **mon** amie

10 Des mots à classer

Arrange the words according to whether they are:

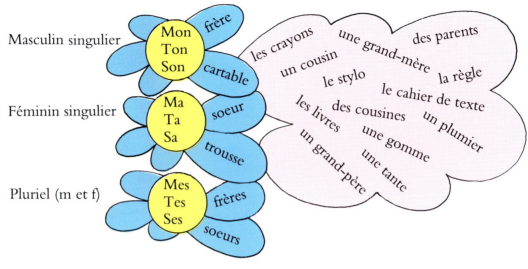

Masculin singulier — Mon / Ton / Son — frère, cartable

Féminin singulier — Ma / Ta / Sa — soeur, trousse

Pluriel (m et f) — Mes / Tes / Ses — frères, soeurs

les crayons, une grand-mère, des parents, un cousin, le stylo, la règle, le cahier de texte, les livres, des cousines, un plumier, une gomme, un grand-père, une tante

11 EN CLASSE

(a) Can you match the classroom phrases in French and English?
(b) Then complete the French expression with the possessive adjectives *(mon, ma, mes…)*.

> **Rappel!**
>
> Masculin et féminin/ Singulier et pluriel
>
> It is very important to remember whether nouns in French are masculine or feminine. That's why we learn them with **le/un** or **la/une** in front of them.

12 Coche les 3 bonnes cases.

Tick the 3 correct boxes for each noun.

13 4.4 **Complète ce dialogue.**

* Tu vois, ça, c'est moi. Là j'ai six ans.
  Ça, c'est ★★★ frère Paul et ★★★ soeur Carine.
* Quel âge a ★★★ frère Paul là?
* Il a 3 ans.
* Et ★★★ soeur?
* Là, elle a 8 ans.
* Ce sont ★★★ parents?
* Oui, ce sont ★★★ parents. Ils ont changé.

14 **Projet**

Tu as des photos de ta famille à la maison? Amène-les en classe et parle de ta famille avec ton voisin/ta voisine.

Why not bring in some photos of yourself and your family and introduce them to your friends?

Ça, c'est mon.....
Voilà ma......
Là, ce sont mes.....

Où habitent-ils?

Fais correspondre les dialogues et les photos.

1 Je m'appelle Benoît. J'ai douze ans. J'ai deux frères et une soeur. J'habite un appartement à Paris.

2 Je m'appelle Brigitte. J'ai onze ans. J'ai un frère et pas de soeurs. Mon père s'appelle Jean-Marc et ma mère s'appelle Martine. Nous habitons une ferme en Bretagne.

3 Je m'appelle Nathalie. Je suis française. J'ai quinze ans et demi. J'ai un frère et une soeur. Mon frère s'appelle Philippe. Il a quatorze ans. Ma soeur s'appelle Nadine. Elle a huit ans. Elle va à l'école primaire. Mon père est agent de police et ma mère est mère de famille. Nous habitons une maison à Lille au nord de la France.

4 Je m'appelle Philippe. J'ai treize ans. Je suis enfant unique. J'habite à Vichy dans un immeuble au quatrième étage. Mon ami Marc habite au deuxième étage. Il a un frère et une soeur.

Paris

Pascal et Catherine t'emmènent visiter Paris

> Je m'appelle Catherine. Moi aussi, j'habite Paris.

> Je m'appelle Pascal. J'habite à Paris.

Et voici Notre Dame. C'est une belle cathédrale du 12ème siècle.

Voici la Tour Eiffel. Elle a plus de 100 ans. Elle mesure 321 mètres. On a une super vue de Paris. 11000 touristes visitent la Tour Eiffel chaque jour.

Ça, c'est l'Arc de Triomphe sur les Champs Elysées. Napoléon a construit ce monument à la gloire de ses victoires et de ses soldats.

Et voilà le Sacré-Coeur. C'est une église à Montmartre — le quartier des artistes et des touristes. On voit tout Paris.

Et voici La Villette, Cité de Sciences et de l'Industrie. Nous avons visité La Villette avec notre école. C'est un musée moderne. On peut tout toucher et on peut jouer avec les ordinateurs. C'est super!

Beaubourg est un centre culturel. Il y a beaucoup d'activités: des cinémas, des expositions, du théâtre, des conférences. J'aime beaucoup aller à Beaubourg pour regarder des films ou écouter des cassettes. C'est très bizarre avec ces tubes de toutes les couleurs, non?

17 **Quiz sur Paris**

Fais correspondre les lettres et les chiffres.

You don't have to understand every word, only the key words.

A Pourquoi la Tour Eiffel s'appelle la Tour Eiffel?

B Beaubourg s'appelle aussi le Centre Georges Pompidou. Pourquoi?

C Pourquoi l'Arc de Triomphe s'appelle l'Arc de Triomphe?

1 Parce que c'est le Président Pompidou qui a décidé de construire Beaubourg.

2 Parce que c'est le nom de l'architecte.

3 Parce que les soldats de Napoléon défilaient sous l'arc après une victoire.

J'AIME/*I LIKE*

18 4.7 **Qu'est-ce qu'ils aiment?**

Two young people tell us about their likes and dislikes.
How many sports are mentioned?

19 **Qu'est-ce que tu aimes?**

Écris 5 choses que tu aimes et que tu n'aimes pas. Ensuite compare ta liste avec la liste de ton voisin/ta voisine.

20 4.8 **Qu'est-ce qu'ils aiment?**

A Can you find one thing that Émilie, Bernard and Clémence all like?
Some things have been filled in for you.

B Qui n'aime pas la télévision?

L'idole des jeunes

Complète sa carte d'identité.

Jason Seán Donovan est né le 1er juin 1968 à Melbourne en Australie. Il mesure 1,78 m et pèse 67 kg. Il a des yeux bleus. Il a deux frères. Ils s'appellent Paul et Patrick. Ses groupes et ses chanteurs préférés sont Inxs, New Order. Il aime le surf et la natation. Comme vêtement il aime les jeans. Il joue de la guitare et du piano. Il adore les personnes honnêtes et déteste les personnes qui ne sont pas ponctuelles.

NOM _____
Prénom _____
Famille _____
Passe-temps _____

Jacques fait la connaissance de Clémence
Jacques and Clémence meet for the first time

A Complète les fiches d'identité.

Nom: Clémence
Âge: 12 ans
Adresse: Paris
Famille: ******
Passe-temps: la musique/le sport

Nom: Jacques
Âge: 13 ans
Adresse: Bordeaux
Famille: 1 frère; pas de soeurs
Passe-temps: ******/******

B Et maintenant à vous!

Work in pairs. One of you looks at Nadine's *carte d'identité* on page 15 and the other looks at Hervé's *carte d'identité* on page 16 of the workbook. Follow the guidelines.

23 4.10 Des jeunes français te parlent

(a) Bonjour. Je m'appelle Stéphanie. J'ai 15 ans. Je suis française et j'habite à Pont-Thierry au sud de Paris. Mon père est ouvrier à l'I.B.M. et ma mère est nourrice à la maison. J'ai un frère et je n'ai pas de soeurs. J'adore les films, les cassettes et j'adore mon chien.

(b) Bonjour. Moi, c'est Carine. J'ai 14 ans. J'habite à Melun en France. J'ai un frère. Mon père travaille en tant que pilote à Air France et ma mère reste à la maison. J'adore regarder la télé et écouter de la musique moderne et j'adore Michael Jackson.

(c) Bonjour. Je m'appelle Jérome. J'ai 13 ans. J'habite à 30 km au sud de Paris. J'ai un frère. Ma mère est infirmière et mon père est informaticien. J'adore le cinéma, les sports et la musique. J'aime bien la musique très rythmée, le rock. J'aime bien *A-ha* surtout. C'est mon groupe préféré.

 A What can you find out about Carine and Jérome? Regarde l'exemple de Stéphanie

 B Maintenant écoute encore et trouve 5 questions auxquelles ces jeunes français répondent

exemple: ★ Quel âge as tu?
          ✳ J'ai 15 ans.

24 Une lettre

Relis les lettres de Céline et Olivier à la page 39. Réponds à Céline ou Olivier dans ton cahier en utilisant huit de ces phrases.
Write a reply using 8 of these sentences.

47

RÉSUMÉ

See the language chart on p. 35.

	Masculin	Féminin	Masculin/Féminin Pluriel
	un/le	une/la	des/les
L'adjectif possessif:	mon/ton/son	ma/ta/sa	mes/tes/ses

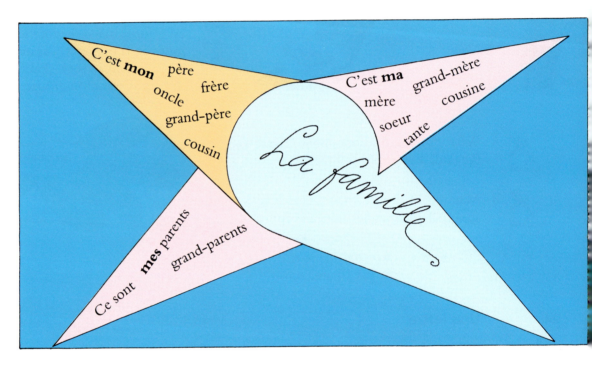

Évalue tes progrès.

	Page	
• les jours de la semaine	50	the days of the week
• dire combien tu aimes ou n'aimes pas quelque chose	51	saying how much you like or don't like something
• écrire un rapport sur le travail en groupes	55	writing a report about your group work
• les verbes en '**-er**'	57	more about **-er** verbs
• lire un texte court	55	reading a short text
• les saisons	58	the seasons
• lire la lettre d'un correspondant	62	reading a penpal letter
répondre à un correspondant	63	answering a penpal letter

Asking the day and date
(page 50)

Quel jour est-on?

On est mercredi, le cinq décembre.

Asking someone what he/she likes
(page 51)

Tu aimes le tennis?
Est-ce que tu aimes le basket?
Qu'est-ce que tu aimes?

Saying what you like
(page 51)

J'adore le tennis
J'aime beaucoup le sport
J'aime l'école

Saying what you don't like
(page 51)

Je n'aime pas la danse
Je n'aime pas du tout le rugby
Je déteste le coca-cola

Saying what you prefer
(page 53)

Je préfère la natation

LES JOURS DE LA SEMAINE
THE DAYS OF THE WEEK

1   5.1   **Jean téléphone à Christine**
Regarde l'image:
- À ton avis, pourquoi Jean téléphone-t-il à Christine?
  Why does Jean ring Christine?

- Écoute la cassette. *Were you right?*
- How do you think Jean feels at the end of the conversation? *Pourquoi?*

2   5.2   **Les jours de la semaine**

Associe les jours de la semaine avec un de ces mots.
With what days do you associate these things?
Exemple: dimanche – l'église

 Mets les lettres dans l'ordre pour trouver le jour caché.

J'ADORE ... JE N'AIME PAS/*LIKES AND DISLIKES*

 Et le dimanche, que fait Claire?
What does Claire do on Sundays?

Claire aime beaucoup de choses. Elle aime le cinéma et la lecture. Elle regarde la télévision et elle écoute de la musique rock. Elle joue au tennis mais elle n'aime pas la natation. Elle adore les discothèques et le basket. Elle déteste le théâtre.

6 5.3 EN CLASSE

Écoute et complète:

* Bonjour tout le monde, ça va?
★ Bonjour Madame, ça va.
* Quel jour est-on? Seán?
★ ***.
* Oui, bien ***. Quelle date?
★ Le ***.
* Oui. Quel mois?
✪ ***.
* Oui, nous sommes le *** *** ***.

 7 5.4 **En effeuillant la marguerite**

Répète cette phrase en pensant au garçon ou à la fille de tes rêves.
Think of someone you fancy and say this with as much feeling as possible.

8 **How many of these words can you guess?**

A Écris dans ton carnet les mots que tu ne comprends pas. Puis regarde ces mots dans le lexique (p.205),
 – ou dans le dictionnaire,
 – ou demande à ton professeur.

B Tu peux classer les mots dans la grille?

9 Ils aiment (+) ou ils n'aiment pas (-)?
Remplis la grille avec les symboles (+) ou (-).

10 Qu'est-ce qu'ils aiment?

A Fais correspondre les noms, les nombres et les lettres.
Link the name, number and letter as you listen.
Puis écris les phrases dans ton cahier.
Exemple: Paul 2/A
         Paul aime le sport

Paul
Isabelle

1 adore
2 aime
3 déteste
4 préfère

a le sport
b la télé
c la natation
d la danse

B Ensuite, fais autant de phrases que possible.
How many sentences can you make?
Exemple: Paul déteste la danse.

11 Pose des questions à ton voisin ou ta voisine.
Find out what your partner likes and dislikes.

Tu aimes
- la danse?
- le coca-cola?
- l'uniforme?
- le sport?
- la musique classique?

Oui, j'adore
j'aime beaucoup la danse
j'aime

Non, je n'aime pas
je n'aime pas du tout la danse,
je déteste

Et toi?

Non, je préfère le sport

Travail en groupes

You will soon have an opportunity to work in groups and to talk about what you like and don't like. You might find it helpful to listen first to young French people doing this.

Voici un modèle d'un travail en groupes.
Here is one possible model for your group-work.

Claire: Moi, j'adore le coca-cola. Et toi, Julie, tu aimes ça?
Julie: Non. Et toi, Patrice, tu aimes le coca-cola?
Patrice: Je n'aime pas ça. Émilie, tu aimes le coca-cola?
Émilie: Non, je déteste ça.

Claire: Ben, je n'aime pas du tout mon uniforme. Tu aimes ton uniforme Julie, non?
Julie: Oui, j'aime bien. Et toi, Patrice?
Patrice: Moi, oui, j'aime assez mon uniforme. Émilie, et toi, tu aimes ton uniforme?
Émilie: Oh moi, j'adore ça.

Claire: Moi, j'aime le tennis. Et toi, Julie, tu aimes ça?
Julie: Le tennis, j'adore. C'est super. Et toi, Patrice?
Patrice: Oui, j'aime bien. Émilie, toi, tu préfères la danse, non?
Émilie: Oui, je préfère la danse, je n'aime pas du tout le tennis.

Claire: Moi, je n'aime pas du tout l'école. Et toi, Julie?
Julie: Ah, moi aussi, je déteste l'école. Patrice?
Patrice: L'école? Puff, je déteste.
Émilie: Oh moi, ça va! J'aime bien l'école.

Remember this is only <u>one possible</u> model.

A Écoute et lis 5.7. Ensuite remplis la grille. Utilise les symboles.

B Avec cette grille écris un rapport sur Julie, Patrice et Émilie. Regarde pour modèle le rapport de Claire.

The report will look something like this:

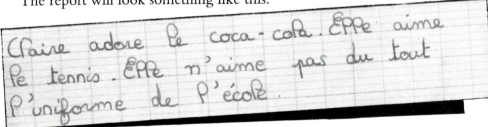

Tu es plutôt comme Claire ou Julie ou Patrice ou Émilie?

13 Et maintenant à toi de jouer!

A With your teacher choose six activities, things, or pop-groups that you like and dislike. Fill in the grid.
Pose des questions à tes voisins ou tes voisines.
Par exemple:

> ✳ Moi, j'aime beaucoup *U2*. Et toi, tu aimes ça?
> ★ Oui, j'adore ça. Et toi, Pat, tu aimes *U2*?
> ✳ Non, je n'aime pas ça. Et toi, Fiona?
> ✪ Oh moi, je déteste *U2*.

B Fais un rapport
Par exemple: Dans mon groupe il y a 4 élèves.
Moi j'aime beaucoup *U2*. Je déteste ....
Seán adore *U2*. Il .....
Pat n'aime pas *U2*. Elle ...
Fiona déteste *U2*. Elle ....

ET VOUS, QU'EST-CE QUE VOUS AIMEZ?

Now that you've done your first group-work activity in French, what did you think of it? The questions on page 19 of the workbook will help you.

Vanessa Paradis, c'est la nouvelle star de la chanson française. En décembre 1987, le monde découvre Vanessa avec la chanson *Joe le Taxi*. Vanessa Paradis est née le vingt-deux décembre 1972 à Paris. Elle va encore à l'école. Elle habite à Villiers, à côté de Paris.
Le passe-temps préféré de Vanessa, c'est le cinéma. Elle adore Marilyn Monroe, le chanteur Prince, le piano, la danse, l'Amérique, son chien Vanille, la cuisine indienne et japonaise, et les MacDonalds.
Elle n'aime pas le mauvais temps, les maths, la politique, les voyages loin de la famille, les interviews et les personnes hypocrites.

14 Vanessa Paradis
Have you anything in common with Vanessa Paradis?

15 **Aimez-vous la télévision?**

A Est-ce que tu regardes la télé

le lundi?	le vendredi?
oui A non B	oui A non B
le mardi?	le samedi?
oui A non B	oui A non B
le mercredi?	le dimanche?
oui A non B	oui A non B
le jeudi?	
oui A non B	

Quelles émissions aimes-tu?

(A = 2 points/B = 1 point)
Compte combien tu as de points:

— 15 points: tu es un bon téléspectateur.
  15 – 20 points: tu es un 'très bon' téléspectateur.
+ 20 points: tu as la 'télévisiomanie', une maladie très grave.

B Et ton voisin/ta voisine?

★ Qu'est-ce que tu regardes le lundi? le mardi?...
✴ Le lundi, je regarde *Eastenders*.

16 **L'école et la télé**

Do you think that young people in Ireland watch as much television as young French people?

Impressionnant! Les jeunes français regardent la télévision 25 heures par semaine, c'est à dire **1000 heures** par an. Or ils ne passent que **800 heures** par an à l'école.

ÉCOLE ET TÉLÉ

17 LES VERBES EN - ER

Read this extract from a letter written by a French person of your own age. Some words are in bold in the letter. What are these words?

> Je **regarde** souvent la télévision. **J'aime** beaucoup les films de science-fiction et les films comiques. Mon père et mon frère, ils **aiment** les émissions sportives. Ils **regardent** tous les matches de foot. Ma mère et moi, nous n'**aimons** pas ça. Ma mère, elle **regarde** toujours les feuilletons comme *Dallas*. Et toi, tu **regardes** quoi à la télé?

Did you work out that all the words in bold were verbs?

e.g. Je **regarde** la télévision
 (I **watch** television).
 J'aime les films de science-fiction
 (I **like** science-fiction films).

What did you notice about the spelling of the verbs?
Why do you think this happens? It's the same in English where we say 'I like' but 'she like**s**'.

You have now seen the present tense of regular -ER verbs in French. In English there are two present tenses – 'I watch' and 'I'm watching' – whereas in French there's only one – '*Je regarde*'.

Regard**er** *(to watch)*

| Je regard**e** |
| Tu regard**es** |
| Il/elle/on regard**e** |
| Nous regard**ons** |
| Vous regard**ez** |
| Ils/elles regard**ent** |

Je **ne** regarde **pas**

la télé
les films comiques

Aim**er** *(to like/to love)*

| J'aim**e** |
| Tu aim**es** |
| Il/elle/on aim**e** |
| Nous aim**ons** |
| Vous aim**ez** |
| Ils/elles aim**ent** |

Je **n'**aime **pas**

la musique
le sport
le cinéma

Je n'aime pas les films d'horreur

18 Make your own verb chart.
Write the correct part of the verb beside the pronouns.

19 Complète les phrases avec le verbe.
Puis remplis la grille.

20 Ne ....pas

21 Fill in the blanks.
All the verbs in brackets are regular –ER verbs.

LES SAISONS/*THE SEASONS*

22 Les saisons en France et en Irlande

A   En France les saisons ne commencent pas le même jour qu'en Irlande.
    When do the seasons begin in Ireland?

En France
le printemps commence le 20 mars
l'été commence le 21 juin
l'automne commence le 23 septembre
l'hiver commence le 21 décembre

En Irlande
le printemps commence le ★★★
l'été commence le ★★★
l'automne commence le ★★★
l'hiver commence le ★★★

B   If you want to say something happens in a particular month, or a season,
    you say:
    en mars
    en juin

    en été
    en hiver
    en automne   **but**

    au printemps

On est en quelle saison?

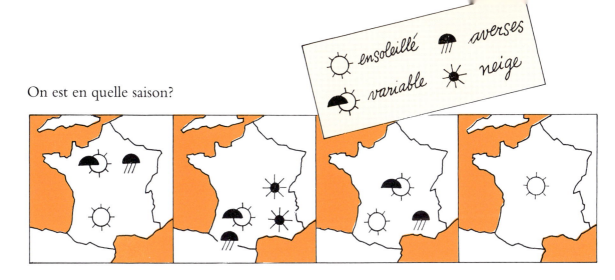

C   Quelle est la date des vacances dans ton école?

Les grandes vacances   Summer holidays
les vacances de Noël   Christmas holidays
les vacances de Pâques   Easter holidays

Cette année, les grandes vacances commencent quand?

Des français se présentent
Remplis la grille.

Tu es de quel signe?
What's your star?

A Sébastien: Tiens, Élodie, regarde, j'ai un livre des signes du Zodiaque.
   Élodie: Tu es de quel signe, Sébastien?
   Sébastien: Moi, je suis Taureau.
   Élodie: Alors, tu es né en mai?
   Sébastien: Oui. Et toi, Élodie?
   Élodie: Je suis née en juillet. Je suis Cancer.
   Sébastien: Cancer, voyons, voyons. Oui. Ah! Tu es sincère, timide et pratique.
   Élodie: Et toi?
   Sébastien: Alors moi, je suis fidèle, indépendant, pratique et agressif. Agressif! Ah non ça ce n'est pas vrai.

B Et toi, tu es de quel signe?

   Moi, je suis né/née le ***. Je suis ***.

25 L'Horoscope

Do you agree with what this horoscope says about you?
Some of the words look like English words. Others are more difficult and the *lexique* will help you understand.

Capricorne (21 décembre – 19 janvier)
Sensible et timide, aime la liberté, réservé. Chance: 1 3 16 25 29 32.

Taureau (21 avril – 21 mai)
Fidèle, indépendant, pratique et agressif. Chance: 4 6 11 24 29 33.

Vierge (23 août – 22 septembre)
Pratique, quelquefois irritable, timide, souvent égoïste. Chance: 10 15 26 27 32 42.

Verseau (20 janvier – 18 février)
Indépendant, paresseux, versatile, intelligent, patient. Chance: 2 14 26 35 39 43.

Gémeaux (22 mai – 21 juin)
Sociable, sportif, impatient. Chance: 3 10 15 70 99.

Cancer (22 juin – 22 juillet)
Sincère, timide, pratique, adore la musique. Chance: 1 11 35 47 57.

Balance (23 septembre – 22 octobre)
Sympathique, gentil, juste, très sociable. Chance: 2 3 19 25 29 33.

Poisson (19 février – 20 mars)
Souvent fatigué et triste, fidèle, généreux, gourmand, aime voyager. Chance: 5 11 19 23 44.

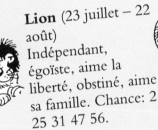

Lion (23 juillet – 22 août)
Indépendant, égoïste, aime la liberté, obstiné, aime sa famille. Chance: 2 25 31 47 56.

Scorpion (22 octobre – 21 novembre)
Réservé et mystérieux, possessif, jaloux. Chance: 4 13 21 29 36 47.

Bélier (21 mars – 20 avril)
Fort, sincère, agressif, ambitieux, bon ami. Chance: 7 17 21 22 26.

Sagittaire (22 novembre – 20 décembre)
Intelligent, sympathique, gourmand, fidèle, bon ami. Chance: 2 17 23 51 66.

The adjectives (describing words) can be masculine or feminine depending on who is being described. You will learn more about the spelling and pronunciation of adjectives in *Unité 6*.

Lexique
bon/bonne: *good*
égoïste: *selfish*
fatigué/fatiguée: *tired*
fidèle: *faithful*
fort/forte: *strong*
gourmand/gourmande: *greedy*
gentil/gentille: *nice*
jaloux/jalouse: *jealous*
obstiné/obstinée: *obstinate*
paresseux/paresseuse: *lazy*
pratique: *practical*
sensible: *sensitive*
sympathique: *friendly*
timide: *shy*
triste: *sad*

Recopie les mots du lexique dans ton carnet.
Write + beside positive words e.g. : + gentil
Write – beside negative words e.g. : – égoïste

Les adjectifs

What do you notice about the spelling?

La lettre de Dominique

Here is a letter for you to read. It is from a French girl to her Irish penpal. It will show you how a French person writes and lays out a letter. This is different to what you may be used to doing. You have to watch out – for example, the French write their address on the back of the envelope, so don't throw your penpal's address away by mistake!

Le nom et l'adresse

Le nom de la ville et la date

Dominique has written these here as it is her first letter. For the next one she will just write it on the envelope.

The date is written together with the name of the town. The date may be written in one of these ways:
Lundi 21 mars
lundi, le 21 mars
le 21 mars
(N.B. le 1er mars)

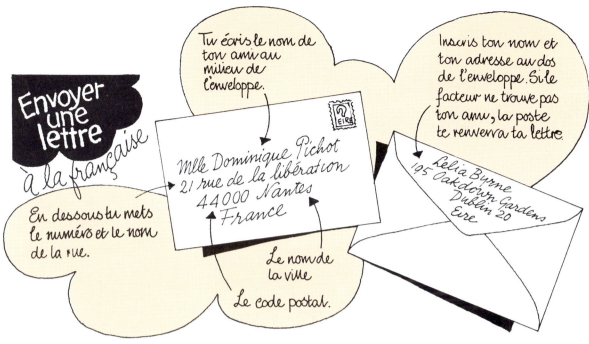

Choisis la bonne réponse.

1 Dominique is
(a) an old friend of Lelia
(b) her new penpal
(c) her partner in a student exchange.

2 Her birthday is on the
(a) 1st of June
(b) 1st of July
(c) 1st of January

3 Her brothers are
(a) 15 and 17
(b) 13 and 15
(c) 17 and 13

4 Her mother works
(a) outside the home
(b) in the home

5 Which activities does she like?
(a) swimming
(b) photography
(c) skiing
(d) films
(e) music

 29 Écris une lettre à un(e) correspondant(e)

ton âge, ton nom, ton anniversaire, où tu habites, tes frères et tes soeurs, tes passe-temps

 30 5.11 **Tu parles à ton professeur**

Remplis la bonne case

EN BREF
Si tu veux avoir des correspondants en France, (c'est une très bonne idée!), écris directement à l'adresse suivante:

Poste européenne de l'amitié
c/o Maison de l'Europe
37, rue des Francs-Bourgeois
75004 Paris

RÉSUMÉ

See the language chart on p. 49.

les jours de la semaine : lundi, mardi, mercredi, jeudi, vendredi, samedi, dimanche

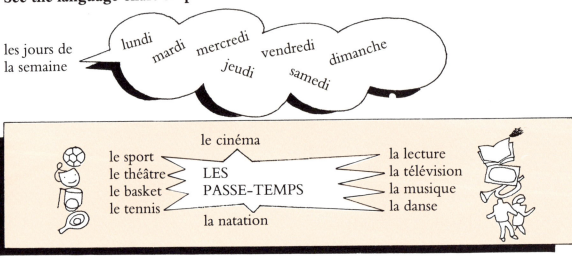

LES PASSE-TEMPS : le sport, le théâtre, le basket, le tennis, le cinéma, la natation, la lecture, la télévision, la musique, la danse

Regarder

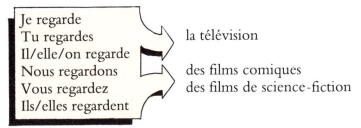

Je regarde
Tu regardes
Il/elle/on regarde → la télévision
Nous regardons
Vous regardez → des films comiques
Ils/elles regardent   des films de science-fiction

Je ne regarde pas la télévision
Je n'aime pas les films d'horreur

Les saisons   l'hiver, l'automne, le printemps, l'été
au printemps – en été – en hiver – en automne –
Je fais du ski en hiver.
Je fais du tennis au printemps.

Les saisons	
l'été	en été
l'automne	en automne
l'hiver	en hiver
le printemps	au printemps

 Évalue tes progrès.

Unité 6

	Page	
• la maison, l'appartement en France	66	houses and flats in France
• décrire ta maison	70	describing your home
• où sont les gens/choses	74	saying where people/things are
• les couleurs	76	colours
• le travail de la maison	78	housework
• lettres d'un magazine pour adolescents	80	letters from a teenage magazine

---

Describing houses
(page 66)

J'habite une maison
      un pavillon à Paris
      un appartement à Paris

Il y a une cuisine, un salon...
Chez moi il y a une salle à manger

Describing rooms
(page 72)

Dans ma chambre le papier peint est gris,
la moquette est verte...

Asking and saying where people/things are
(page 74)

Où est Bertrand?   Il est dans le salon.

Où sont mes bottes?   Elles sont derrière la porte.

Asking someone if he/she does any housework
(page 79)

Tu fais le ménage chez toi?   Oui, quelquefois. (Yes, sometimes.)

Asking someone what housework they do
(page 79)

Qu'est-ce que tu fais à la maison?

Saying that you wash the dishes, make your bed, hoover
(page 79)

Je fais la vaisselle.
Je fais mon lit.
Je passe l'aspirateur.

LA MAISON, L'APPARTEMENT
HOUSES, FLATS

1 **Les maisons en France**

Qu'est-ce qui est différent entre la France et l'Irlande?

Dans les différentes régions de France il y a plusieurs sortes de maisons. Les maisons les plus typiques sont en Bretagne (photo A), en Alsace (photo B), en Provence (photo C) et en Normandie (photo D). Bien sûr il y a des maisons moins typiques (photo E). En France il y a aussi beaucoup d'immeubles. Beaucoup de familles dans les grandes villes habitent des appartements. Il existe des résidences *(privately owned apartments)* et des H.L.M *(local authority housing)*. Certains immeubles ont un court de tennis, une crèche, un club des jeunes ou même une piscine. C'est parfois très bien. On a beaucoup de copains!

2 **6.1** **Écoute et complète la grille.**

3 **Les pièces**

A Posez des questions à votre professeur.

✶ Comment on dit *the kitchen* en français?

★ En français on dit **la cuisine**.

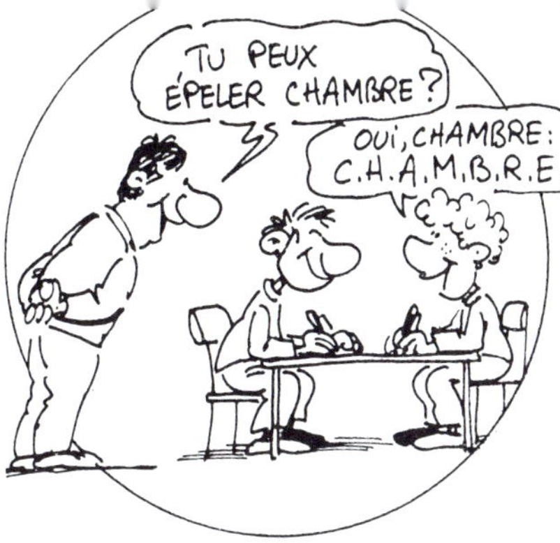

B À toi maintenant
Can you spell these words in French?

la chambre
la salle de bains
la salle à manger
la cuisine
la cave
le grenier
le séjour/le salon

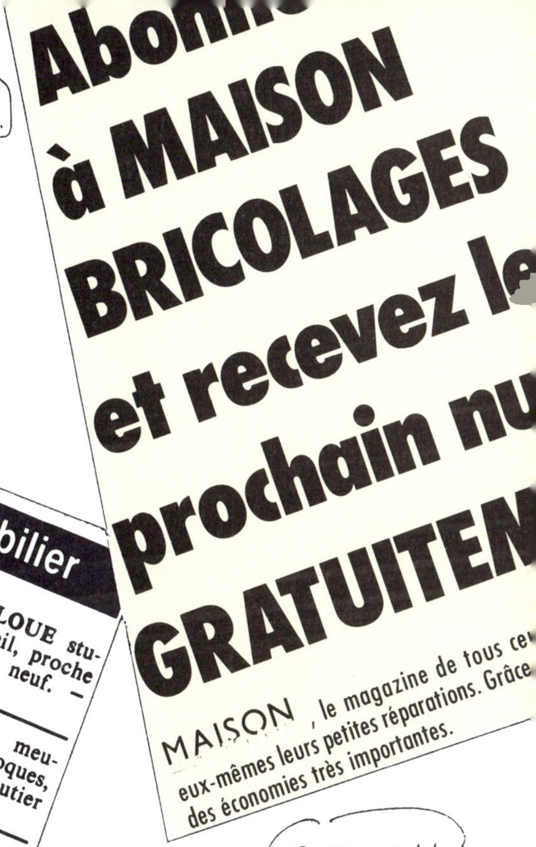

Abonn
à MAISON
BRICOLAGES
et recevez le
prochain nu
GRATUITEM
MAISON, le magazine de tous ce
eux-mêmes leurs petites réparations. Grâce
des économies très importantes.

Immobilier

PARTICULIER LOUE studio meublé Rangueil, proche faculté, calme, état neuf. – Tél. 63.76.60.45 H.R.

A LOUER chambre meublée. – S'adr. Mme Roques, 29, place Fernand-Pelloutier à Albi.

4 **Relie**

28

5 **Jeu**

Joue le jeu en groupes ou avec ton voisin/ta voisine. Bonne Chance!
If you practise this game at home it will be easier and more fun in class.
The idea is that the first person names a room, the second person must repeat that room and add another one, and so on.

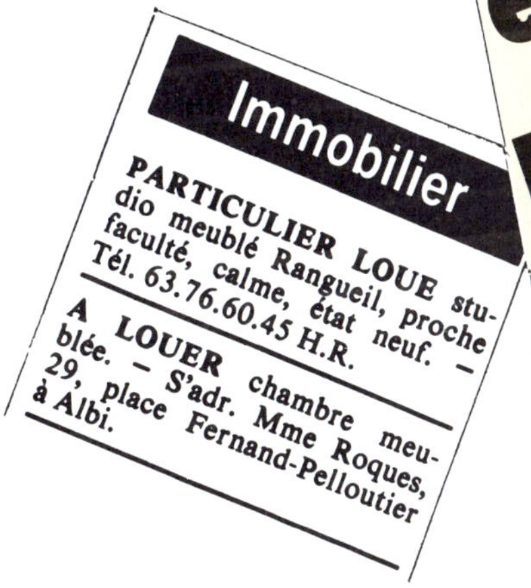

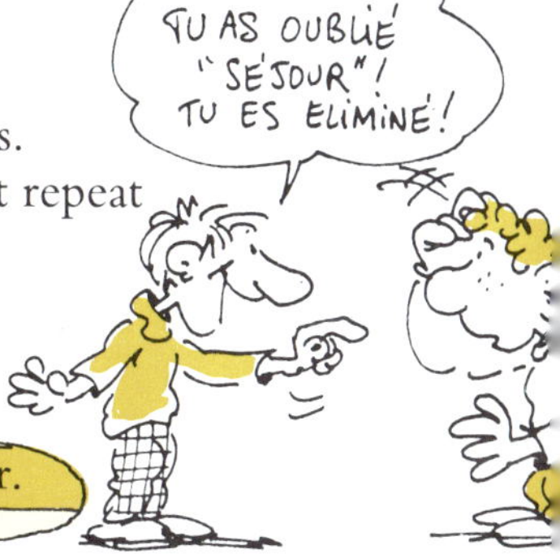

Exemple: Chez moi il y a une cuisine.
Chez moi il y a une cuisine et une salle de bains.
Chez moi il y a une cuisine et une salle de bains et un séjour.

The person who can continue to name the rooms in the correct order wins. Anyone who forgets a room or puts one in the wrong order is eliminated.

6 6.2 **Faites correspondre les images et les monologues.**
Match the pictures with the speakers.

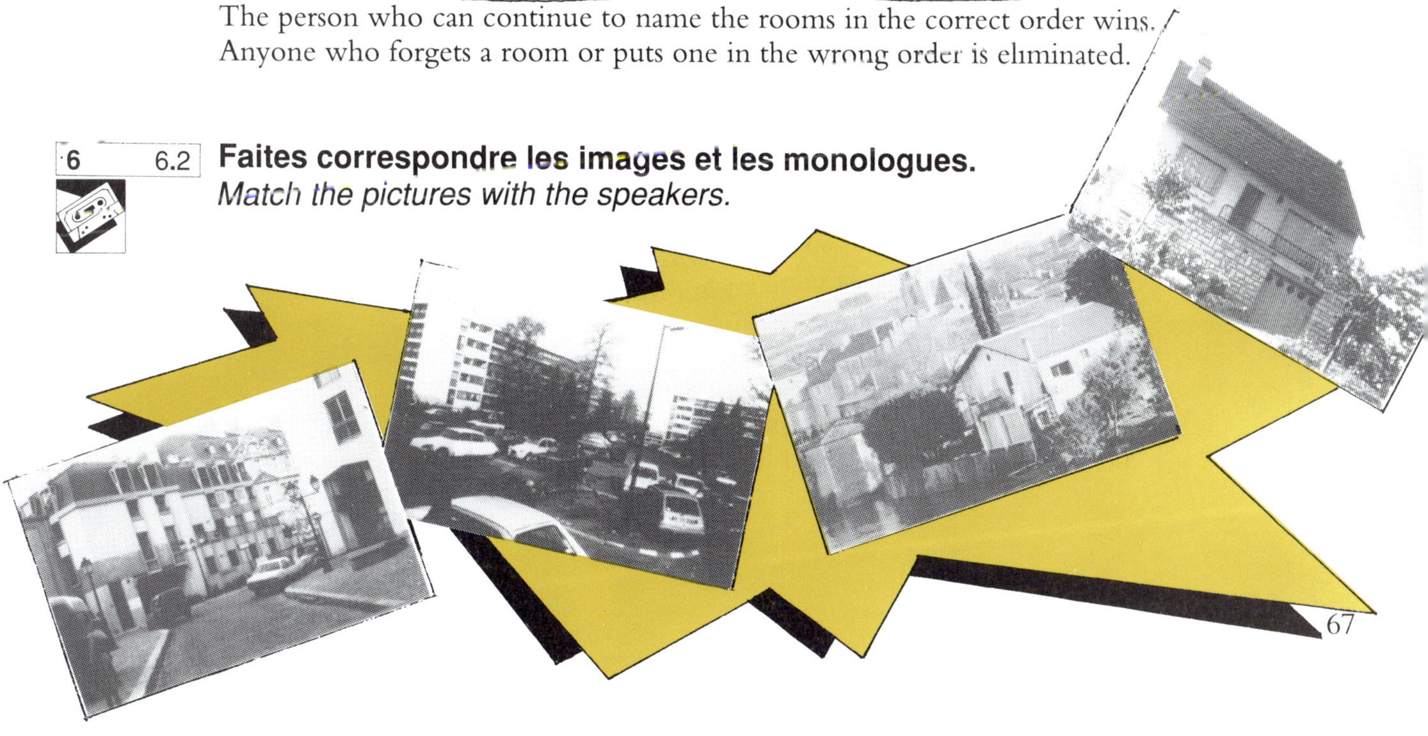

7 **Lis attentivement ces textes.**
Each description has an essential room missing. Which one?

1	M. et Mme Bonnefoy habitent avec leurs deux enfants une maison à la campagne. Il y a la chambre des parents, un séjour, une salle à manger, une cuisine et une salle de bains + W.C.
2	M. et Mme Faucher habitent un appartement à Paris – un studio de deux pièces: un séjour et une salle à manger, une chambre à coucher, une salle de bains + W.C.
3	La famille Guérin habite un pavillon à Amiens. Il y a un grand séjour avec cheminée, une cuisine, trois chambres à coucher.

8 **Mots cachés**
Trouve les pièces de la maison.

9 6.3 **Bonjour de France**
Greetings from France.

A Which house/flat would you prefer?

(1) Salut l'Irlande. Ici France. Je m'appelle Philippe. J'ai un frère et trois soeurs. Nous habitons Vichy dans un immeuble au quatrième étage. L'appartement a cinq pièces avec la cuisine et la salle de bains. J'aime bien notre appartement. C'est un appartement moderne. Mon père est fonctionnaire. Ma mère est sans profession.

(2) Salut les copains. Je m'appelle Brigitte. Je suis enfant unique. Ma mère est institutrice. J'habite à Chabanais avec elle. C'est un village en Charente. Voici une photo de ma maison. Nous avons quatre chambres, un séjour, une salle à manger, une cuisine, une salle de bains et aussi un grenier. C'est joli, non?

(3) Je m'appelle Paul. Je suis belge. J'habite à Liège, au sud de la Belgique. Nous avons un pavillon en banlieue. Voici une photo. Il y a mes frères et ma soeur dans le jardin. Mon père est camionneur et ma mère est vendeuse.

(4) Je m'appelle René. Je suis français. J'ai deux frères. Nous habitons un immeuble à Saint-Denis, dans la banlieue de Paris. C'est un H.L.M. Nous habitons au septième étage. Il y a quatre pièces: un séjour, une salle à manger et deux chambres. Mon père est chômeur. Ma mère reste à la maison.

(5) Ici la Bretagne. C'est Odile Viste. J'habite à la campagne dans une ferme. Mon père est agriculteur et nous avons vingt-cinq hectares. Notre maison est à six kilomètres du village. C'est une vieille maison et il y a beaucoup de bâtiments dans la cour. Ma mère est vétérinaire.

B   Écris un petit paragraphe au sujet de toi, ta famille et ta maison.

Exemple: Je m'appelle .... J'ai ..., frère(s) et ... soeur(s). Nous habitons ....
Il y a ... pièces. Nous avons ... chambres ....

| 10 | **Les meubles** |

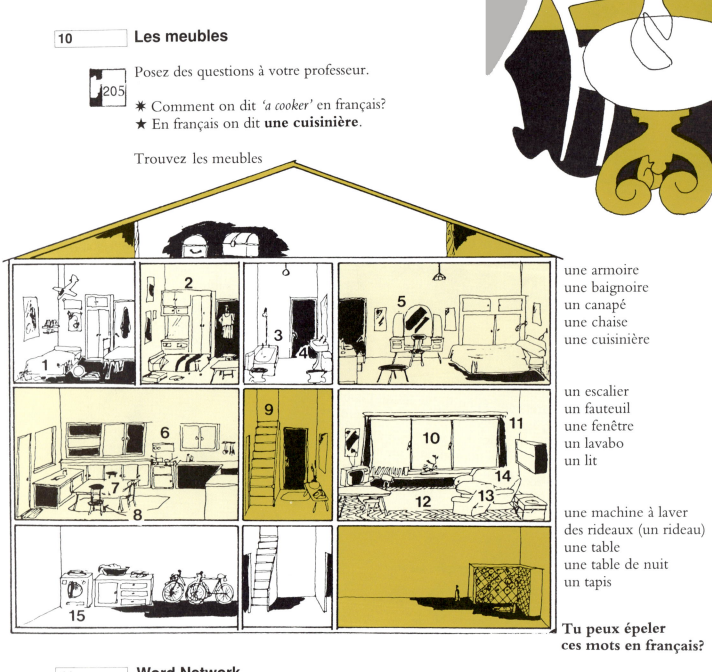

Posez des questions à votre professeur.

✷ Comment on dit *'a cooker'* en français?
★ En français on dit **une cuisinière**.

Trouvez les meubles

une armoire
une baignoire
un canapé
une chaise
une cuisinière

un escalier
un fauteuil
une fenêtre
un lavabo
un lit

une machine à laver
des rideaux (un rideau)
une table
une table de nuit
un tapis

Tu peux épeler ces mots en français?

| 11 | **Word Network** |

Comment vas-tu apprendre tout ce vocabulaire?
How are you going to learn this vocabulary?
Can you complete the word network in your workbook?
You could organise the words under different headings if you prefer,
eg. machines...

| 12 | **Mots croisés** |

Trouve les meubles.

13 6.4 Regardez les images

A Devinez la maison qui est décrite.
   Which house is being described?

B À toi, maintenant. Fais la même chose avec ton voisin/ta voisine. Choose one of the houses and write a description of it. Read the description to your partner and see if he/she can guess which house you wrote about.

Exemple: Maison numéro 4

Il y a quatre pièces dans cette maison. Dans une chambre il y a un lit, une table de toilette, une lampe et une chaise. Dans l'autre chambre il y a deux lits. Dans le séjour il y a une télé et une plante. Il y a un téléphone sur la table. Dans la cuisine il y a un frigo.

 **Je pense à une maison.**

Laquelle? Posez des questions.

> ✱ Bon. On va faire un petit jeu. D'accord? Je vais penser à une maison et vous me posez des questions.
> ★ Est-ce qu'il y a des fleurs dans le séjour?
> ✱ Oui, il y a des fleurs dans le séjour.
> ✪ Euh, est-ce qu'il y a un miroir dans une des chambres?
> ✱ Non, il n'y a pas de miroir.

Sur le modèle de la cassette faites ce jeu avec votre professeur ou avec ton voisin/ta voisine.

15 La lettre de Julien

Can you find Grenoble on the map on page 8?
What does Julien miss?

Grenoble, mercredi 10 janvier

Julien Cordes
13 rue Auguste Godard
38000 Grenoble

Cher Jean-Philippe,

Salut ! Ça va ? Moi, ça va. Me voici dans ma nouvelle maison et je t'envoie ma nouvelle adresse.
Nous avons un pavillon avec deux chambres. Ce n'est pas très grand mais c'est bien. Je vais bientôt décorer ma chambre. Pour le moment les murs sont roses. Je déteste le rose.
Je n'aime pas déménager. Ici je n'ai pas de copains et je n'aime pas ma nouvelle école.
Comment vont Marc et Etienne du club de foot ? Ici je ne joue pas au foot. Il n'y a pas d'équipe de foot à l'école mais je joue de la guitare avec le prof de musique. Ça, c'est génial.
Je t'invite aux vacances de février.

Écris-moi vite
À bientôt

Julien

16 6.6 **Où sont mes affaires?**
Qu'est-ce qui se passe?
Is your house like this in the morning?

Où est......? Where is......?
Où sont....? Where are......?

1.

* Qu'est-ce que tu fais?
★ Je cherche mon cartable.
* Mais regarde. Il est là. Sous la chaise.
★ Ah, oui.

2.

* Qu'est-ce que tu cherches?
★ Mon Tintin.
* Il est dans les toilettes sans doute.
★ Ah oui, c'est vrai.

3.

* Où sont les clefs de la voiture?
★ Dans l'entrée devant la glace.
* Ah oui, d'accord. Merci.

4.

* Maman, où sont mes bottes?
★ Elles sont là, derrière la porte.
* Ah, mais oui.

5.

* Papa, je ne trouve pas mes cahiers.
★ Mais quoi encore!
* Mes cahiers, Papa.
★ Ils sont là, sur la table. Vraiment tu es impossible!

dans   sur   sous

devant   derrière   entre

17 **La maison de la famille Draculo le jour.**

La cuisine de la famille Draculo

La maison de la famille Draculo

Les fourchettes sont dans l'aquarium.
Le chat est dans le frigo.
Les couteaux sont sur la chaise.
Madame Draculo est devant la table.
Dracule est sous la table
Draculette est derrière le frigo.
Les assiettes sont devant la chaise.
La baguette est dans le vase.
Le frigo est entre l'aquarium et le placard.

La télé est dans la salle de bains.
Le lit est sur le toit.
La piscine est dans la cave.
Le frigo est derrière la fenêtre.
La table est sous l'armoire.
La voiture est dans la cuisine.
La baignoire est devant la maison.
Le squelette est derrière la porte.
Le frigo est dans une pièce entre l'entrée et la cuisine.

18 6.7 **Jeu de mémoire**

Regarde l'image de la cuisine des Draculo pendant une minute.
Ferme le livre. Écoute le modèle et continue.

✸ Où est le chat?
★ Dans le frigo.
✸ Exact.

★ C'est à moi maintenant. Où sont les fourchettes?
✸ Dans le vase?
★ Non.
✸ Dans l'aquarium?
★ Exact.

La maison de la famille Draculo la nuit
Remplis les blancs.

ADJECTIFS

À tes crayons

 ADJECTIVES (describing words)

La maison des Draculo.
Chez la famille Draculo la cuisine est <u>verte</u>. Il y a une table <u>verte</u> et six chaises <u>vertes</u>. Le frigo est <u>vert</u> et les rideaux sont <u>verts</u>. Il y a aussi des fourchettes <u>vertes</u> et des couteaux <u>verts</u>.

The word for green **(vert)** has been underlined in the text.

There are four different ways of spelling **vert.** Can you write them down?

Look at the phrases from the text and the pictures. Try to work out why there are four ways of spelling **vert.**

Tu as trouvé? *Did you work it out?*

1 le frigo est vert
2 une table verte
3 des couteaux verts
4 six chaises vertes

Masculin		Féminin	
Singulier	Pluriel	Singulier	Pluriel
le/un	les/des	la/une	les/des
	+S	**+E**	**+ES**
vert	vert**s**	vert**e**	vert**es**
noir	noir**s**	noir**e**	noir**es**

Of course if there is already an **S** *(gris)* or an **E** *(orange)* at the end of the word you don't need to add another.

Have you noticed where adjectives of colour are placed in French?

Exemple: une table **verte**
 a **green** table

Do you know any other language(s) where the adjective comes after the noun it describes?

Have you noticed the difference in pronunciation?

	pronounced
Exemple: un frigo ve**rt**	[ver]
les rideaux sont ve**rt**s	[ver]
une table ver**te**	[vert]
des fourchettes ver**te**s	[vert]

---

22 **Remplis les blancs avec l'adjectif.**

23 **La famille Draculo re-décore la cuisine**
Can you write the correct spelling of the adjectives?
Dans la cuisine des Draculo il y a une table (noir) et six chaises (bleu). Le frigo est (rouge) et les rideaux sont (rose). Il y a aussi des fourchettes (beige) et des couteaux (jaune).

24 6.9 **Ma chambre**
Christine et Jérome décrivent leur chambre. Ils ont des posters de leurs groupes préférés.
Can you imagine 2 or 3 groups they might mention? Listen and see if you are right.

25 **Maintenant décris ta chambre.**
Ensuite pose des questions à ton voisin/ta voisine.
First check that you know whether the nouns are masculine or feminine, singular or plural.

26 **Prononciation**
Read these aloud. Can you hear any difference in the pronunciation of the adjective in (b)?

27  **Bros en France**
Why will Tracey treasure that day for the rest of her life?

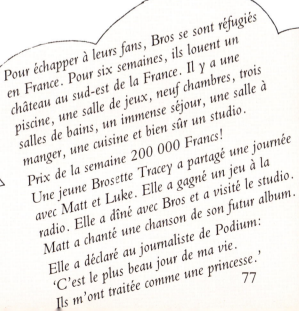

Pour échapper à leurs fans, Bros se sont réfugiés en France. Pour six semaines, ils louent un château au sud-est de la France. Il y a une piscine, une salle de jeux, neuf chambres, trois salles de bains, un immense séjour, une salle à manger, une cuisine et bien sûr un studio. Prix de la semaine 200 000 Francs!
Une jeune Brosette Tracey a partagé une journée avec Matt et Luke. Elle a gagné un jeu à la radio. Elle a dîné avec Bros et a visité le studio. Matt a chanté une chanson de son futur album. Elle a déclaré au journaliste de Podium:
'C'est le plus beau jour de ma vie.
Ils m'ont traitée comme une princesse.'

77

FAIRE LE MÉNAGE/*HOUSEWORK*

Brainstorming

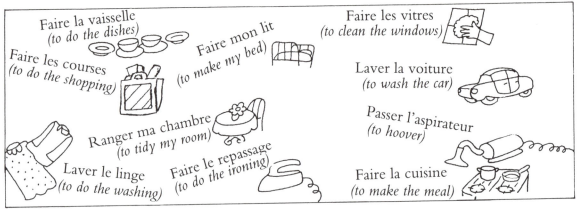

- Et toi, qu'est-ce que tu fais à la maison? Écris trois phrases dans ton cahier.

Par exemple: Je fais.....   Je passe.....
              Je range.....   Je lave......

- Now ask your partner.

Faire *(to do, to make)*

It is a very useful verb but it is not regular like *regarder* or *aimer* which you saw in *Unité 5*. You must learn it by heart.

Faire	
Je fais	mes devoirs
Tu fais	la vaisselle
Il/elle/on fait	le repassage
Nous faisons	les repas
Vous faites	les lits
Ils/elles font	les courses

RAPPEL -ER verbs:

Regarder *(to look at)*	Écouter *(to listen)*	Manger *(to eat)*
Je regarde	J'écoute	Je mange
Tu regardes	Tu écoutes	Tu manges
Il/elle/on regarde	Il/elle/on écoute	Il/elle/on mange
Nous regardons	Nous écoutons	Nous mang**e**ons
Vous regardez	Vous écoutez	Vous mangez
Ils/elles regardent	Ils/elles écoutent	Ils/elles mangent

Que font-ils à la maison?
Remplis la grille dans le cahier d'exercices.

✱ Tu fais le ménage chez-toi Jean-Paul?
★ Un peu.
✱ Qu'est-ce que tu fais?
★ Je fais mon lit, je range ma chambre et quelquefois je fais la vaisselle.
✱ Tu passes l'aspirateur aussi?
★ Non, jamais. C'est ma soeur qui fait ça.

✱ Catherine, tu travailles à la maison?
★ Oui, quelquefois. Je prépare les repas. J'aime bien cuisiner.
✱ Ah, tu passes l'aspirateur aussi?
★ Le samedi, oui, mais je déteste faire ça.
✱ Tu tonds la pelouse?
★ Non, ma mère s'occupe du jardin, mon père aussi

✱ Tu fais le ménage chez-toi, Marc?
★ Oui, chez-moi tout le monde participe.
✱ Qu'est-ce que tu fais?
★ Je range les pièces, je passe l'aspirateur et en été je tonds la pelouse.
✱ C'est pas mal ça. Tu aimes faire le ménage?
★ Non, je n'aime pas.

Travail en groupes

A Score yourself on jobs around the house, awarding points according to how often you do each job.

B Modèle d'un travail en groupes. *A model for your group work.*

Nicole	Tu ranges ta chambre souvent?
Sylvie	Oui toujours. Et toi, Hervé, tu fais ton lit?
Hervé	Ben – quelquefois. Tu passes l'aspirateur Édith?
Édith	L'aspirateur? Non, jamais. Je déteste ça. Et toi Nadine?
Nadine	Oh, je passe l'aspirateur quelquefois. Jean-Paul, est-ce que tu tonds la pelouse?
Jean-Paul	Oui, toujours.
Nadine	Ah bon.

C Et maintenant à vous. *Score your classmates.*

Le travail à la maison

– Dans chaque numéro, l'un de vous pose une question. Des lecteurs répondent en donnant leur avis. La question d'aujourd'hui est posée par Fabienne Beaumesnil (27).

'À la maison, c'est toujours moi qui aide maman. J'ai deux frères et ils ne font jamais la vaisselle. Ils ne rangent pas leur chambre. Ils ne passent pas l'aspirateur. Ils ne font rien, rien, rien. C'est pas juste. Qu'est-ce que je peux faire?'

Céline Noisy-le-Roi (78)
1 Chez moi aussi mon frère ne fait rien. Je suis d'accord. C'est très injuste. Les filles travaillent et les garçons regardent le sport à la télé. Je ne sais pas quoi faire. Je n'ai pas la solution.

Agnès Neuilly (92)
2 Chez moi, tout le monde participe. C'est l'égalité entre les filles et les garçons. Mon frère et moi, nous rangeons nos chambres. Papa fait la vaisselle et passe l'aspirateur. Moi, j'aide souvent Maman à faire les repas. J'aime beaucoup cuisiner. Je crois que c'est important que les parents donnent le bon exemple.

Sébastien Hévillers (Belgique)
3 Moi, j'aide un peu à la maison. Je lave la voiture. Je tonds la pelouse. Mais je ne sais pas faire les repas. Et je n'aime pas faire la vaisselle. Il y a le travail des filles et le travail des garçons!

A Fais correspondre les dessins et les textes.

B With whom do you agree most?

Je suis d'accord avec Céline
Agnès
Sébastien

C Qui fait le ménage chez toi? Écris des phrases.

Qui fait la vaisselle?
Qui fait les lits?
Qui fait les vitres?
Qui fait la cuisine?
Qui fait le repassage?
Qui range les pièces?
Qui passe l'aspirateur?

moi
ma soeur
mon frère
tout le monde
mon père
ma mère

Exemple: Moi je fais..
Ma soeur fait.....
Mes parents font.....

33 6.12 Et le week-end dernier?
Ils ont aidé à la maison le week-end dernier?
Did they help out at home last weekend?
Remplis les grilles.

Et toi, qu'est-ce que tu as fait le week-end dernier?
Demande à ton voisin/ta voisine.

> Qu'est-ce que tu as fait le week-end dernier?

> J'ai fait la vaisselle.
> J'ai fait mon lit.
> J'ai fait les courses.
> J'ai rangé ma chambre.   Et toi?
> J'ai passé l'aspirateur.
> J'ai tondu la pelouse.
> Je n'ai rien fait.

Note: For the moment you only need to understand and repeat these sentences. You will learn more about using the past tense later on.

Et le week-end prochain?
You can also use the verbs you know in the present to talk about the future. Imagine that your *professeur de français* has organised a special extra class for 9 o'clock next Saturday. *Tu viens?* Are you coming? Write down as many excuses as you can for not coming.
    Exemple:
    Samedi matin, je range ma chambre
Compare ta liste avec ton voisin/ta voisine. Vous avez les mêmes excuses?

Ton professeur te parle

RÉSUMÉ

See the language chart on p. 65.

les pièces

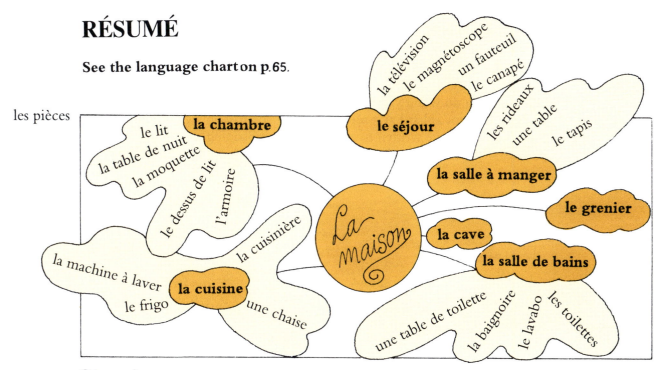

Où est...?

 dans

 sur

 sous

 devant

 derrière

 entre

Adjectifs

Masculin		Féminin	
Singulier	Pluriel	Singulier	Pluriel
	+s	+e	+es
Le frigo vert, rose, gris	Les couteaux verts, roses, gris	La table verte, rose, grise	Les fourchettes vertes, roses, grises

Faire *(to do/make)*
Je fais   la vaisselle
Tu fais   le repassage
Il/elle/on fait les repas
Nous faisons   le ménage
Vous faites   les devoirs
Ils/elles font   les lits

 Évalue tes progrès.

TON DICTIONNAIRE

Comment utiliser ton dictionnaire

What do you do when you are faced with a passage written entirely in French? It is not as hard as it seems. Look at the passage below. Two young French people have written to a magazine complaining about how strict their parents are. Here is part of the letter. Can you understand their complaint?

> Laurence et moi avons douze et treize ans. Nous avons un problème : tous ceux de notre classe ont le droit d'organiser et de participer à des surprises-parties. Ils en parlent en classe mais nous, nous restons à l'écart car nos parents ne nous permettent pas d'organiser des choses comme ça, ni d'y aller.

Look through the passage and pick out
(a) the words that look like English words:

classe	*class*
problème	*problem*
participer	*to participate/to join in*
surprises-parties	*parties*
parents	*parents*
permettre	*to permit*
organiser	*to organise*

(b) the words you know already:

et	*and*
(nous) avons	*(we) have*
douze	*twelve*
treize ans	*thirteen years*
(ils) ont	*(they) have*
nous	*we*
ils parlent	*they talk (about)*

There will be some words you still don't know the meaning of. But you don't have to know the meaning of every single word. You can read on and try guessing the meaning of the words you don't know. However if the word is **essential** to your understanding of the text **NOW IS THE TIME TO GET YOUR DICTIONARY.**

When you open your dictionary, for example, to look up the word *jardin*, you might see:

jardin (ʒardɛ) nm. garden

This may look difficult. However, all dictionaries are basically the same. It's just a matter of getting used to the way the information is set out. It may seem confusing but it is easier to understand when broken up into different sections.

WORDS IN THE DICTIONARY

Nouns

jardin	[ʒardɛ̃]	n	m	garden
French word.	How to pronounce the word in French. It is written in special letters but we needn't bother about it at the moment.	Noun, the part of grammar. A noun is a word that NAMES an object, place or person.	Masculine, telling us to use *un* or *le* with the word.	The English word for *jardin*.
vie	[vi]	s/sb	f	life
French word.	How to pronounce it.	Noun: two more symbols for a noun. These stand for 'substantive'.	Feminine, telling us to use *une* or *la* with the word.	The English word for *vie*.

Adjectives

vert	[vɛr]	1.	adj.	green
French word.	How to pronounce it.	Sometimes a word has more than one meaning. If this is the case then the different meanings are numbered 1,2,3, etc.	Adjective (describing word).	The English word for *vert*.
sévère	[sevɛr]		adj.	severe
French	How to pronounce it.		Adjective (describing word).	The English word for *sévère*.

Verbs

habiter	[abite]	1.	vt	to live in
French word.	How to pronounce it.	First meaning.	Verb, transitive (not important to us now).	The English words for *habiter*.
aller	[ale]	1.	vi	to go
French word.	How to pronounce it.	First meaning.	Verb, intransitive (not important for the moment).	The English words for *aller*.

Look at these examples taken from a dictionary:

1. *immeuble* [imœbl (ə)] 1. s.m building, block of flats . . .
2. *mettre* [mɛtr(ə)] v.tr. 1.(a) to put, lay, place . . .
3. *rouge* [ruʒ] adj. red . . .

Quelques problèmes

Sometimes the exact word you are looking for will not be found in the dictionary. For example, with regard to verbs, you can see how much they change in English, e.g. the verb 'to be': I am, you are, he is, etc. Verbs also change in French as you saw in *Unité 2* p 21, e.g. *être* (to be): *je suis* (I am), *tu es* (you are).

However, with a few exceptions, the verbs usually don't change all that much as you saw in exercise 17 of *Unité* 5.

Similarly, you won't find *longue* on its own in the dictionary but you will find *long*. *Long* goes with a masculine noun (*le* or *un* word), for example *un long voyage* (a long journey). *Longue* goes with a feminine noun (*la* or *une* word) *une longue rue* (a long street).

Fais attention

You must be careful when looking up words in the dictionary! Many French and English words have several meanings. For example, if you look up 'light' in the English-French section of the dictionary, you will find several French words all meaning 'light', for example:

light (lamp) — *lumière*
to light (a match) — *allumer*
light (not dark) — *clair*
light (not heavy) — *léger*

It would be easy to choose the wrong French word, and say, *Mets la léger,* which actually means 'turn on the not heavy', when you really want to say 'turn on the light'! So if you look up a word in the English-French section of your dictionary and find that there are a few ways of saying the word in French, it is *always* advisable to check the words in the French-English section of the dictionary. Then you will not make the mistake of saying 'Turn on the not heavy' when you really mean 'Turn on the light'!

À toi
Use your dictionary to help you understand the extract from the letter (p 84). Now look up the words below and see if you can discover the English meanings for the words numbered 1-5 and the French meanings for those numbered 6-10.
N.B. Use your dictionary, *not* the glossary at the back of the book.

French words				
1 vedette	2 boisson	3 rêver	4 sourd	5 ronfler
English words				
6 sheet (of paper)	7 key	8 suburb	9 tall	10 chocolate

Now try reading the cartoon. It is all about the tricky question of whether to use *tu* or *vous* when talking to a French person. Pick out the words that look like English words, and then the words that you already know. Then see how much you can guess (the pictures will help), and finally, if you need to, use your dictionary for the words you still need to know.

N.B. *bâtard* (here) = mongrel

TIPS FOR THE 'GOOD' LANGUAGE LEARNER

1 Listening to the tape
2 Reading (for fun or information)
3 Speaking in class
4 Writing
5 Learning new words

1 Listening

Problem: They speak too fast? Hard to follow because you can't see the speakers? Too many new words?

Tips

- Get "tuned in" beforehand: Look at the pictures, explanations or questions to get some clues; [Sometimes your teacher will help, e.g. by writing some key words on the board]. This will help you to guess what they might say.

- Try to get the gist i.e. who is speaking to whom, about what, why and perhaps where they are. Sometimes the way they speak gives a clue (e.g. angry, excited, happy, bored etc.).

- Don't worry about understanding everything they say – you don't usually need to. Learn to listen for the information that you need for the exercise – you can often ignore a lot.

- Be a guesser – it's fun and often works. Keep on listening - you'll get more clues as you listen.

- Play the tape a few times if necessary – you will understand a little more each time.

- And don't forget the pupil's cassette!

2 Reading

Problems: Don't know the new words? It isn't always written the way it sounds?

Tips

- Most of the hints for listening are helpful. Use any clues you can and guess if you're stuck. As you read on you will have a chance to see if you were right, or else you will get more information which will help you to understand the text better. If you really need to know a word you can use the *lexique* at the back of this book or a dictionary (see p.85 for some tips).

- Have you noticed that the exercises are usually placed **before** the text to give you some clues and help you to make guesses about it? Sometimes there is no "right" answer – just **your** reaction to the text.

- If you are reading to get specific information you may need to note some details but if you're reading for fun (e.g. an interesting story), get the gist and keep going – you'll understand more as you read on.

- There are some short reading texts throughout the book and also on page 198. Perhaps you could choose the ones which interest you most. How about making up some questions on them for your classmates?

- Some of the reading texts are also on tape. This will help you to read to yourself in a natural way and to see how certain words are pronounced.

3 Speaking

Problem: Afraid of making a mistake?

- What about mistakes? We all make them, even in English. And in French you (and sometimes the teacher) will make even more mistakes. It's only natural. That's how we learn and they only show that we're trying to learn.

- Your teacher will usually correct them only if they are preventing you from making yourself understood. This will be "gentle correction" – just to keep the communication going and you can do more practice later.

- Often you will speak in pairs or groups so you won't have to worry about being corrected "in front of the class".

- Keep talking until you make yourself understood – that's what counts.

- **Gradually** you will make fewer and fewer mistakes – just as when you were a child you gradually learned to speak 'better' English.

- Have a chat with your teacher about how you feel when you are corrected in class. It's important that you are confident enough to take some 'risks' when you're not sure.

- How about taping yourself from time to time so that you can see your progress?

Some tips for speaking in pairs or groups.

A. Why not work in small groups from time to time?

- It's fun
- You get to learn more about your classmates
- You get to talk more French and you don't have to worry about making mistakes
- You can help others in the group and get help from them
- Your teacher can help with any problems when (s)he is with your group (even if it's only for a short time)

B. How to organize your group work

BEFORE

- Perhaps listen to the model on tape and practise repeating it. (It is also on the pupil's cassette.)
- Get into groups of 4 or 5 as quickly and quietly as possible.
- If you're not sure of exactly what you have to do, ask your teacher.
- Agree on who is going to start the group work.

DURING

- One way to do it is for the person beginning the group work to ask the first question to the person sitting on his/her right-hand side.
- When you have answered a question, it's your turn to ask. (You could ask a question to the person sitting on your right-hand side so that the group work moves in a circle or perhaps you have another way).
- Fill in the responses of the other people in your group in the grid in the workbook.
- Use French as much as possible. Try and do the whole group-work without using any English!
- If you want to say something, and you don't know how to say it in French, ask the other people in your group. If they don't know, ask your teacher.
- Don't worry about making too many mistakes. All learners do.
- Keep an eye on the time.
- Remember, everybody in the class will be speaking at the same time, so you can't speak too loudly.

AFTER

- Be prepared to report what you learned in the group to the class or to write a short report in your copy.
- Help your teacher to help you by telling him/her what you found difficult or what you didn't like.

4 Writing

- Try to get a penfriend in France so that you can write in French about yourself, your family, school, hobbies, etc. You can also write some of the letter in English of course, and your penpal will use some French.

5 Learning new words

- It is very important to build up your vocabulary and this means learning and using new words. But how can we remember them?

- You are more likely to remember words related to what you are interested in. You will also remember them better if **you** decide how to organise them, e.g.
  - in a notebook — listed by topic
    (sports, types of furniture ...)
    — with a small drawing beside the word
  - on special cards, with a picture or translation on the other side (you can also use these to revise or to test your classmates).

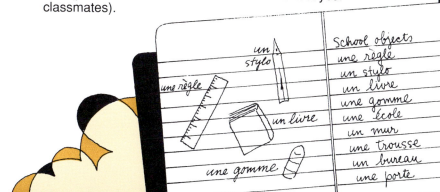

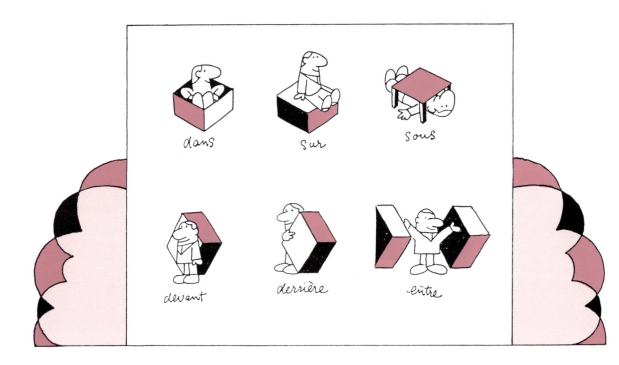

- Try to learn words in small groups and relate them to each other, e.g.
    - word networks (see the drawing below),
    - pairs of opposites [e.g. noir/blanc (black/white)],
    - word families [e.g. ville (town/city) – centre-ville (city-centre) – village].

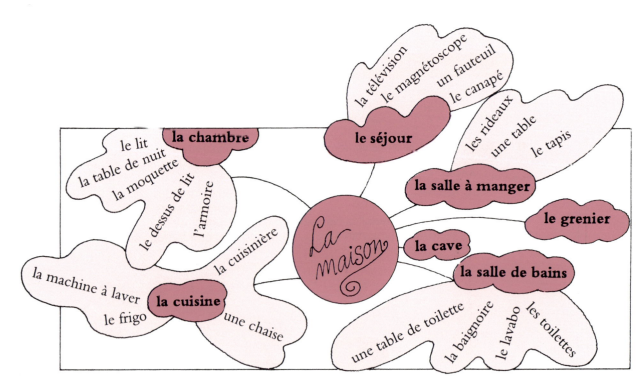

- How about some tricks to help your memory?

e.g.

- draw a simple map of your route to school and place words to be revised on the main landmarks. You could also do this with the rooms in your house.

- And of course **you** can sometimes choose the words in a unit or story that you want to learn and then "teach" these to a classmate who may have chosen different words or a different way of organising them.

- Find ways that suit **you** and revise the words regularly. There is a special vocabulary summary at the end of each unit in the textbook.

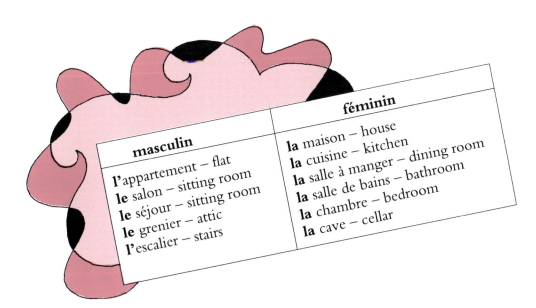

masculin	féminin
l'appartement – flat	la maison – house
le salon – sitting room	la cuisine – kitchen
le séjour – sitting room	la salle à manger – dining room
le grenier – attic	la salle de bains – bathroom
l'escalier – stairs	la chambre – bedroom
	la cave – cellar

Unité 7

- demander le chemin — Page 97 — asking for directions
- indiquer à quelqu'un son chemin — 97 — giving directions
- une ville française — 101 — a French town

Attracting someone's attention (using **vous**)	Pardon, Excusez-moi,	Monsieur l'agent madame mademoiselle
(using **tu**, e.g. a French person of your own age) (page 103)	Pardon Excuse-moi	

Asking for directions: (page 103)

Où est	la poste la gare *(station)* le syndicat d'initiative *(tourist office)* le centre-ville		
Où sont	les toilettes	s'il vous plaît? (using **vous**) s'il te plaît? (using **tu**)	
Pour aller	au tabac à la mairie *(town-hall)* à l'office de tourisme *(tourist office)*		

Asking where the nearest (bank, etc.) is (page 103)

Il y a une banque par ici?
        une pharmacie par ici?
        un café près d'ici?
        un supermarché près d'ici?

Saying where it is (page 97)

C'est à droite *(right)*
C'est à gauche *(left)*
C'est tout droit *(straight on)*

Saying which street to take (using **vous**)

Vous prenez la première rue à droite →
Prenez   la deuxième

(using **tu**) (page 99)

Tu prends la troisième rue à gauche
Prends la quatrième rue à gauche ←

1 | 7.1 | Les bateaux-mouches

Des élèves de *Ramsgrange Community School* sont en France avec leur professeur de français. Ils sont à Paris sur le bateau-mouche. Écoutez le guide qui leur fait visiter Paris.

Sur la Seine
Messieurs, Dames, regardez à droite l'Île de la Cité et la cathédrale Notre-Dame de Paris . . . Maintenant à gauche l'Île Saint Louise . . . Et voici le pont Henri IV. Nous arrivons à la Tour Eiffel sur votre gauche et le palais de Chaillot sur votre droite . . . Messieurs, Dames, nous voici à la fin de notre visite. Merci et au revoir.

La Tour Eiffel
A trois cents mètres;
Du haut en bas
On voit la Seine;
Pour y monter
Il faut payer
Tous les millions
Qu'elle a coutés.

LES DIRECTIONS/ *DIRECTIONS*

Où est .../ Où sont ...
Les élèves arrivent à la Gare St. Lazare à Paris. C'est une grande gare. Ils veulent acheter des cartes postales et des timbres.
Post-cards and stamps can be bought in a tabac (as well as cigarettes and loto tickets).

✶ Pardon, mademoiselle. Où est le tabac, s'il vous plaît?
★ C'est à droite.
✶ Merci, mademoiselle.

Les élèves mangent des sandwichs au buffet de la gare. Pat cherche les toilettes.

✶ Excusez-moi, monsieur. Où sont les toilettes, s'il vous plaît?
★ Là bas, à gauche.
✶ Merci, monsieur.

Later on they are taking the subway *(le métro)* to their youth hostel *(l'auberge de jeunesse)*.

✶ Excusez-moi, madame, le métro s'il vous plaît?
★ C'est tout droit.
✶ Merci bien, madame.

3 Regarde la carte et complète

4 To which of these do people go if they want to:
(a) get married?
(b) buy fruit and vegetables?
(c) buy bread?
(d) have a drink?
(e) post a parcel?
(f) get tourist information?
(g) buy stamps? (2 places)

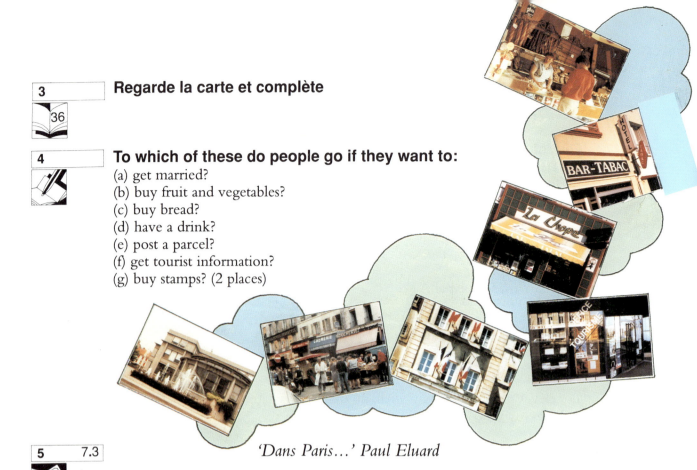

5 7.3

'Dans Paris…' Paul Eluard

Dans Paris il y a une rue; dans cette rue il y a une maison; dans cette maison il y a un escalier; dans cet escalier il y a une chambre; dans cette chambre il y a une table; sur cette table il y a un tapis; sur ce tapis il y a une cage; dans cette cage il y a un nid; dans ce nid il y a un oeuf; dans cet oeuf il y a un oiseau.

L'oiseau renversa l'oeuf; l'oeuf renversa le nid; le nid renversa la cage; la cage renversa le tapis; le tapis renversa la table; la table renversa la chambre; la chambre renversa l'escalier; l'escalier renversa la maison; la maison renversa la rue; la rue renversa la ville de Paris.

renversa – *knocked down*
un oiseau – *a bird*
un nid – *a nest*
un oeuf – *an egg*

6 7.4 Regarde la carte et écoute l'agent de police.
As you listen to his replies, follow the directions on the map below.
Puis joue les dialogues.

a * Pardon Monsieur l'agent, la gare, s'il vous plaît?
   * Allez tout droit, jeune homme.
   * Merci, Monsieur l'agent.
   * À votre service.

b * Excusez-moi, monsieur. Le centre-ville, s'il vous plaît?
   * Tournez à droite et allez tout droit, mademoiselle.
   * Merci bien, Monsieur l'agent.
   * À votre service.

c * S'il vous plaît, Monsieur l'agent. Où est le cinéma Concorde?
   * Le cinéma Concorde. Tournez à gauche, mademoiselle.
   * Merci, Monsieur l'agent.
   * À votre service.

d * Excusez-moi, Monsieur l'agent. Est-ce que le camping est près d'ici, s'il vous plaît?
   * C'est à gauche, puis allez tout droit, jeune homme.
   * Merci bien, Monsieur l'agent.
   * À votre service.

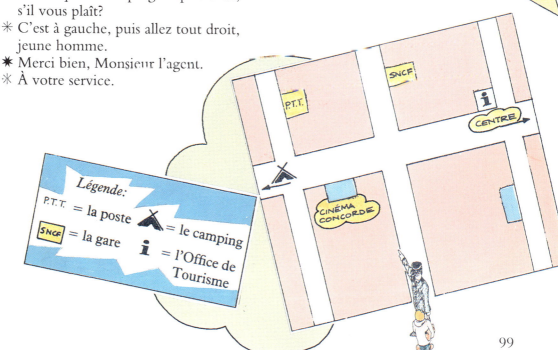

Légende:
P.T.T. = la poste
SNCF = la gare
⛺ = le camping
i = l'Office de Tourisme

7   7.5   Où vont-ils.
Écoute et coche les bonnes cases.
In each dialogue should the person asking for directions go left, right or straight on?

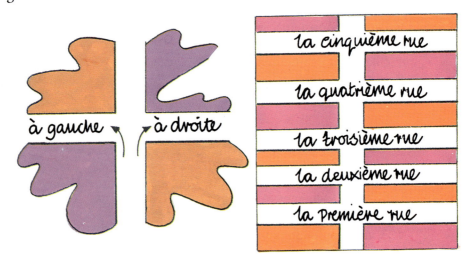

8   7.6   Faites correspondre les dialogues et les plans.
Par exemple 1/B

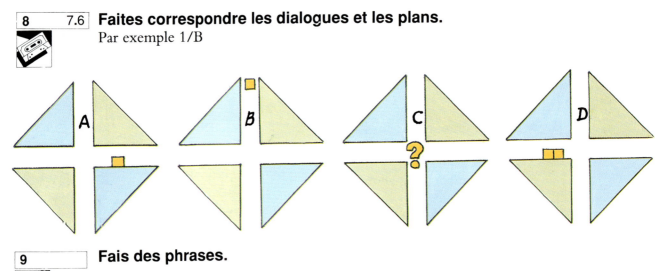

9   Fais des phrases.

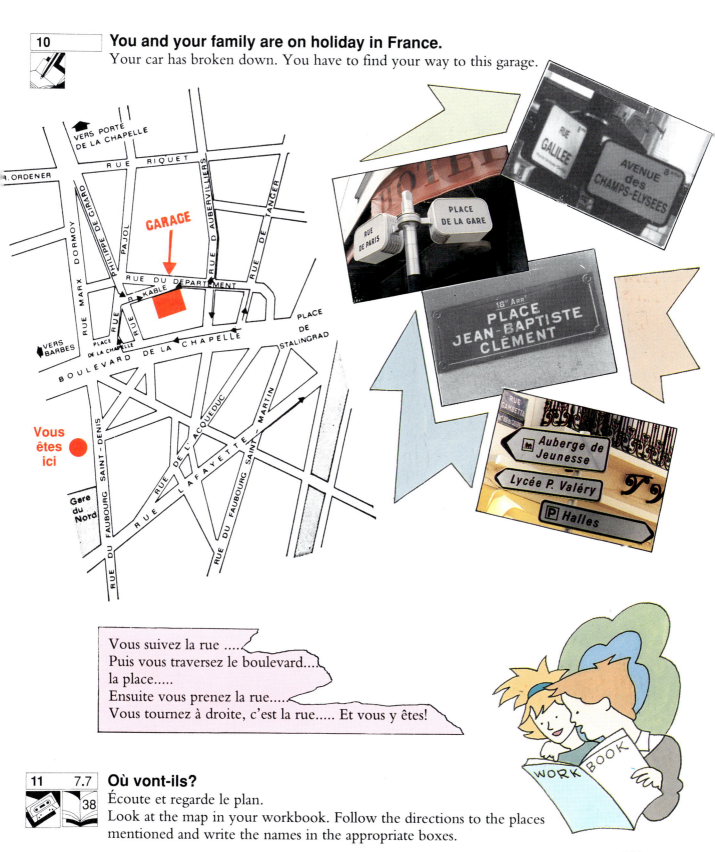

| 12 | **La maison des jeunes (M.J.C.) et la mairie.**
- Is there a youth club where you live? Can you do the same type of activities?
- Why is the mairie so important in France?

Beaucoup de jeunes français passent le mercredi, le samedi ou le soir à la maison des jeunes. Ils peuvent y faire des activités comme la danse, le judo, le tennis mais aussi de la peinture, de la photo, de la musique.... Ils peuvent s'inscrire en septembre pour 50 francs environ. C'est pas cher!

Toutes les villes en France ont une mairie et bien sûr un maire. La mairie organise la vie de la ville, les activités sportives, les concerts, la décoration des rues, des parcs.... La mairie est aussi le centre administratif d'une ville. En France on célèbre les mariages à la mairie, puis à l'église si l'on veut.

| 13 | **Publicité**

Here are some advertisements for the facilities in a town called Montluçon. If you were in Montluçon with your family, which of these below would you go to, or telephone:

(a) to have a meal?
(b) to change your travellers cheques?
(c) to buy a book or a comic?
(d) to buy some gas for your camping stove?
(e) if you broke down late in the evening?

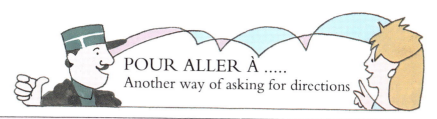

POUR ALLER À .....
Another way of asking for directions

| With feminine words | ✶ Pardon, monsieur, **la gare,** s'il vous plaît? | |
| | ✶ Pour aller **à la gare,** tournez ... | la ⟶ à la |

| Before a vowel or H | ✶ Pardon, monsieur. L'hôtel Saint-Paul, s'il vous plaît? | |
| | ✶ Pour aller **à l'hôtel** Saint-Paul, tournez .. | l' ⟶ à l' |

| With masculine words | ✶ Pardon, monsieur. **Le centre-ville,** s'il vous plaît? | |
| | ✶ Pour aller **au centre-ville,** tournez ... | le ⟶ au |

La maison des jeunes	Pour aller à la maison des jeunes
Le camping	Pour aller au camping
La piscine	Pour aller à la piscine
L'auberge de jeunesse	Pour aller à l'auberge de jeunesse
Le syndicat d'initiative	Pour aller au syndicat d'initiative

14 **À toi maintenant.**
Regarde le plan dans le cahier d'exercices et complète les phrases.

15 **Écris et joue les dialogues.**
Attention à **tu/vous.**

Excusez-moi, monsieur	Pour aller à la gare, s'il vous plaît?
Excuse-moi, jeune homme	Où est la maison des jeunes?
S'il vous plaît, madame	Il y a une pharmacie par ici?
S'il te plaît	Pour aller au stade, s'il vous plaît?

Tu vas tout droit.
Vous prenez la première rue à gauche.
Tu tournes à droite.
Continuez tout droit.

Merci, madame.
Je te remercie.
Je vous remercie, monsieur.
Merci bien.

Aller *(to go)*

Je vais	à la maison des jeunes
Tu vas	tout droit
Il/elle/on va	à l'école
Nous allons	au cinéma
Vous allez	tout droit
Ils/elles vont	à l'auberge de jeunesse

 Tu es dans la rue.
You are in the street.
Joue et écris ces dialogues.

 Où vont-ils?
Complète les phrases avec le verbe <u>aller</u> et les mots manquants *(the missing words)*.

  *des magasins*

Did you notice differences between shops in Ireland and in France?

La librairie. Tu achètes des livres chez le libraire.

La boucherie. Tu achètes de la viande chez le boucher.

Le marché. Tu achètes des fruits et légumes au marché.

La charcuterie. Tu achètes des saucisses et de la viande de porc, chez le charcutier.

La pharmacie. Tu achètes des médicaments chez le pharmacien. Tu n'achètes pas de pellicules à la pharmacie. Tu vas chez le photographe.

La boulangerie. Tu achètes du pain chez le boulanger.

Le supermarché. Tu achètes tout: des fruits, des légumes, de la viande, des biscuits.

19 Allez à Trabuc

This is the kind of brochure you would find in an *office de tourisme* in France. Imagine you were visiting the caves (*les grottes*) on a school tour and answer the questions.

1 You don't want to be late. What time do the caves close at in July?
2 It's the Hallow'een break. On what day would you visit the cave?
3 Will your bus driver have to pay to park the bus?
4 Can you take photographs?

POUR FAIRE LE VOYAGE AU CENTRE DE LA TERRE

HORAIRES

Été : 15 juin - 10 septembre
9 h 30 à 18 h 30 sans arrêt
dernier départ 18 h 30

Demi-saison :
15 mars - 14 juin
11 septembre - 15 octobre
Arrêt de 12 h à 14 h

Hors-saison :
16 octobre au 30 novembre
ouvert le dimanche après-midi et tous les jours sur rendez-vous, par lettre.

RENSEIGNEMENTS
Conservateur des Grottes de TRABUC
30140 Mialet par Anduze
Tél. 66 8503 28

PARKING GRATUIT
600 places
BAR-BUVETTE

Photographies autorisées
N'oubliez pas vos appareils et les flashs complémentaires.

FRANCE ★★★★ CÉVENNES
TRABUC

DANS LES GROTTES, CURIOSITÉ UNIQUE AU MONDE
LES 100 000 SOLDATS

20 En France

In France you can buy your fruit and vegetables in the market *(le marché)* as well as in shops and supermarkets. Depending on the size of the town you live in, the *marché* can take place several days a week.

You can buy your bread *(une baguette)* and *croissants* in the *boulangerie*. In some places your bread is delivered to you in the morning. Or you can even buy it from a vending machine.

21 Fais correspondre les achats et les magasins.

Where does Philippe go to buy these things?

a) 2 croissants
b) 2 côtelettes de boeuf
c) de l'aspirine
d) des cartes postales et des timbres
e) 1 kilo d'oranges et de poires
f) 1 tarte aux pommes
g) une pellicule
h) des saucisses

1 la boucherie
2 le café – tabac
3 la pâtisserie
4 la charcuterie
5 la boulangerie
6 la pharmacie
7 le marché
8 chez le photographe

22 Trouve les mots.

The first letter has been underlined. The words are all places you would expect to find in a French town.

(1) a/q/n/u/<u>b</u>/e/
(2) h/m/<u>p</u>/c/a/r/a/i/e/
(3) <u>m</u>/r/a/i/i/e/
(4) r/r/<u>c</u>/u/h/c/t/e/i/e/a/
(5) o/g/u/e/l/a/r/<u>b</u>/i/e/n/

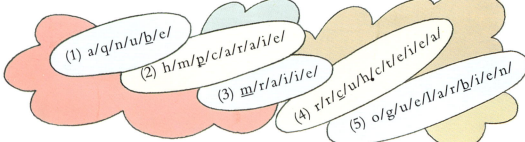

23 7.8 Les villages de Jean-François, Laure et Marie-Catherine

Écoute Jean-François, Laure et Marie-Catherine qui parlent de leurs villages.

They are speaking quite fast. Don't worry. You can listen a few times. Remember you don't have to understand everything. First write down in the grid of the workbook 7 or 8 places you would expect them to mention. Then listen and see if they do.

24 Voici une brochure sur Carmaux.

Lisez la brochure et faites une brochure sur votre ville pour des touristes français.

Your local tourist office has asked your class to help prepare a brochure on your village/town. Can you do it using the brochure on Carmaux as an example?

- les loisirs (tennis/piscine)
- les restaurants/hôtels
- camping

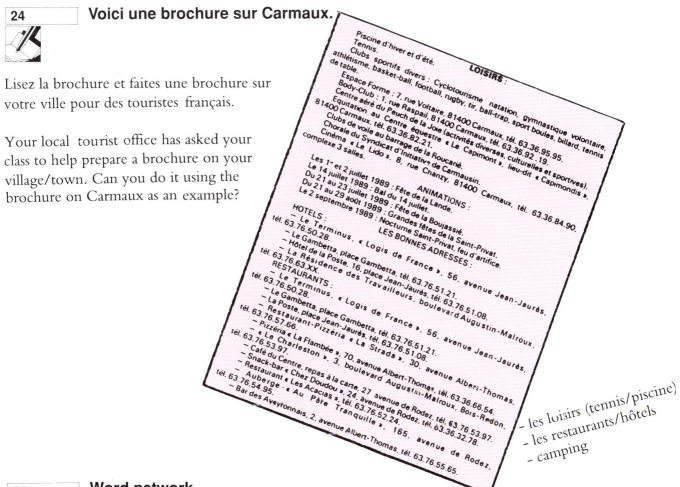

25 Word network

Here is the main vocabulary in *Unité 7*. Make out a word network to help you remember the new words. Then compare your word network to the one in the *Résumé* p 108.

le supermarché   le stade   le café
le camping   l'hôtel
le syndicat d'initiative   le marché
le cinéma   le bureau de tabac

la gare   la poste   la piscine   la banque
la maison des jeunes   la pharmacie
la mairie   l'auberge de jeunesse   la boulangerie
la boucherie

RÉSUMÉ

See the language chart on p 95.

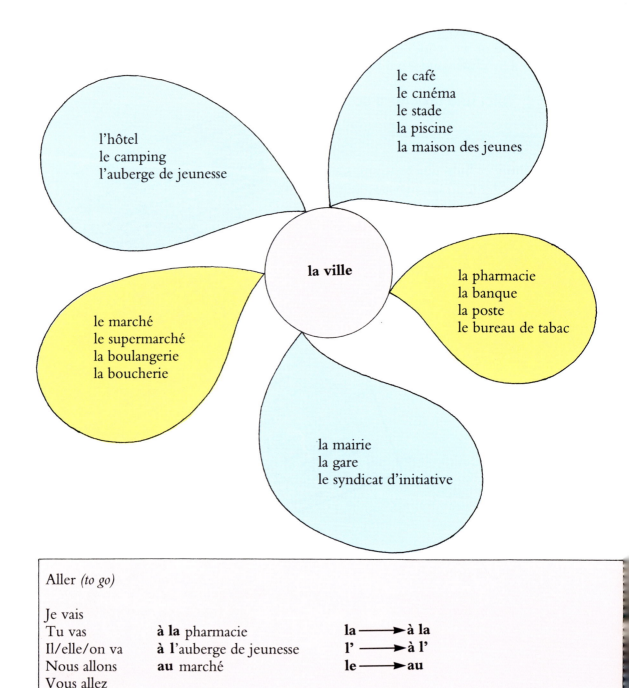

Aller *(to go)*		
Je vais		
Tu vas	**à la** pharmacie	**la** ⟶ **à la**
Il/elle/on va	**à l'**auberge de jeunesse	**l'** ⟶ **à l'**
Nous allons	**au** marché	**le** ⟶ **au**
Vous allez		
Ils/elles vont		

Évalue tes progrès.

Unité 8

• demander à des personnes ce qu'ils font pendant leur temps libre	110	asking people what they do in their spare time
• parler de tes passe-temps	110	saying what your pastimes are
• donner ton opinion sur des passe-temps	112	giving your opinion about pastimes
• dire ce que tu vas faire	121	saying what you are going to do
• faire des suggestions	123	making and responding to suggestions

Asking someone what he/she likes to do during his/her free time. (page 113)

Qu'est-ce que tu aimes faire pendant ton temps libre?

J'aime jouer au ping-pong.
J'aime jouer de la guitare.
J'aime jouer du piano.
J'aime lire des magazines.
J'aime sortir avec mes ami(e)s.
J'aime aller en discothèque.

Asking someone if he/she likes
playing tennis
listening to records
cycling
(page 112)

Tu aimes jouer au tennis?
Est-ce que tu aimes écouter des disques?
Aimes-tu faire du vélo?

<u>Oui</u>, j'adore ça.
À mon avis c'est passionnant (*exciting*).
<u>Non</u>, je n'aime pas ça.
À mon avis c'est ennuyeux (*boring*).

Saying what you are going to do
(page 121)

Qu'est-ce que tu vas faire ce week-end?

Je vais aller au cinéma.
Je vais jouer au tennis.
Je vais aller en ville.

Suggesting doing something
(page 123)

On va au cinéma?
On joue au scrabble?

Tu veux aller à la piscine?
Tu veux faire du vélo?

Agreeing to a suggestion

D'accord / Bonne idée
Oui, je veux bien

Turning down a suggestion

Non pas ça / Je n'aime pas ça
Je n'ai pas envie
Je ne veux pas

Explaining why

Je regrette. Ce n'est pas possible.
Je fais mes devoirs.

Suggesting something else

Je préfère jouer au tennis.

LES PASSE-TEMPS.

1

Brain storming
With the help of the chart and your teacher find as many hobbies as you can.

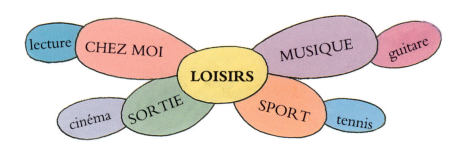

2

 **des loisirs**

Réponds OUI ou NON.
Find the questions which you can answer using yes or no.

Le cinéma. Quels films aimes-tu? Les films comiques? Les films de guerre? Les comédies musicales? Les films de science-fiction? Les films d'horreur?

La danse. Aimes-tu la danse? Danses-tu dans des discothèques? Organises-tu des boums pour tes ami(e)s? Aimes-tu la danse classique? Le ballet?

La lecture. Quel genre de livres aimes-tu? Les bandes dessinées? Les histoires policières? Les livres historiques? Les magazines?

La musique. Joues-tu d'un instrument de musique? Écoutes-tu de la musique classique ou de la musique pop? As-tu beaucoup de disques et de cassettes? Quels sont tes chanteurs/chanteuses/groupes préférés?

Les sorties. Tu sors souvent avec tes ami(e)s? Où vas-tu? En excursion? Au cinéma? Dans des boums? Dans les magasins?

Les sports. Quels sports aimes-tu? Les sports individuels ou les sports collectifs? Regardes-tu les matchs à la télé ou au stade? Fais-tu du sport à l'école ou dans un club?

La télévision. Combien d'heures par semaine regardes-tu la télé? Fais-tu tes devoirs devant la télé? Quelle est ton émission préférée?

Les passe-temps

Qui est sportif/sportive?
Qui joue d'un instrument?
Would any of these interest you as a pen-friend?

1. Je m'appelle Marc.
J'ai douze ans.
J'aime beaucoup le sport.
Je joue au football et je fais de la natation.
Je vais souvent à la piscine.
J'aime aussi la musique.
J'adore "Bros".
Je joue aussi de la guitare.

2. Moi, je suis Michel.
J'ai treize ans.
Je n'aime pas beaucoup le sport.
J'aime lire et regarder la télé.
Je vais souvent au cinéma.
J'adore les films de science-fiction.

3. Moi, c'est Chantal.
J'ai douze ans.
J'adore la musique.
Je vais souvent aux concerts.
Je joue du piano.
J'aime faire des promenades avec mon chien.

4. Je m'appelle Béatrice.
J'ai douze ans et demi.
Je suis sportive.
Je joue au tennis et au basket.
J'aime la lecture.
Je lis des bandes dessinées et des revues.

4 Mots cachés

Find any words related to leisure activities.

5 Qu'est-ce qu'ils font pendant leur temps libre?

Prends des notes. Tu peux écouter la cassette plusieurs fois.

A
1 Sophie — aller se promener — sport — athlétisme
2 Lucie — lire — sport
3 Julien — faire des maquettes — cinéma

B Écoute Charlotte, Florence et Claude.
Do they mention any new activities?

L'INFINITIF

Using INFINITIVES to say what you like to do in your spare time.

Have you noticed the way some young people described what they liked doing?

   ✱ Qu'est-ce que tu aimes <u>faire</u> pendant ton temps libre?
   ★ Euh ... j'aime bien <u>faire</u> du sport, <u>lire</u>, <u>écouter</u> de la musique ...
   ✱ J'aime <u>faire</u> des maquettes et j'aime <u>aller</u> au cinéma ...

The infinitive of the verb has been underlined. This is the part of the verb which you find in the dictionary e.g. *faire* (to do), *lire* (to read), *écouter* (to listen), *aller* (to go). The infinitive is often used after *J'aime, J'adore, Je déteste*.

Exemple: ✱ Qu'est-ce que **tu aimes faire** pendant ton temps libre?
           ★ **J'aime écouter** de la musique.

7 Et toi?

Qu'est-ce que tu aimes faire pendant ton temps libre?

A Écris quelques phrases.

	faire du sport
	jouer de la guitare
J'aime	lire des magazines
	aller en ville
	jouer au tennis

B Pose des questions à ton voisin/ta voisine.

Tu aimes faire du sport? / lire? / écouter de la musique? / aller au cinéma?

Oui. À mon avis c'est passionnant. / À mon avis c'est intéressant. / À mon avis c'est bien.
Non. À mon avis c'est ennuyeux. / À mon avis c'est bête. / À mon avis c'est dangereux.

Et toi?

C Écris ton opinion sur les passe-temps.
Exemple:

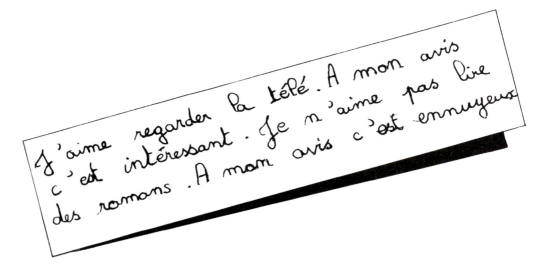

J'aime regarder la télé. A mon avis c'est intéressant. Je n'aime pas lire des romans. A mon avis c'est ennuyeux.

8

Complète

9 8.3 **Présentations**

A

Je m'appelle Ann Murphy.
J'habite Cork.
J'ai treize ans.
Mon anniversaire est le 11 octobre.
Je suis Balance.

J'ai deux frères. Je n'ai pas de soeurs.
Ils s'appellent Seán et Martin.

J'aime la musique pop.
Je n'aime pas la musique classique.
J'adore les animaux. J'ai un petit chien à la maison.
J'aime aller au cinéma.

Je m'appelle Pat O'Donnell.
J'habite à Letterkenny.
J'ai douze ans et demi.
Mon anniversaire est le 17 mars.
Je suis Poissons.

J'ai trois soeurs et un frère.
Mes soeurs s'appellent Mary, Liz et Kate.
Mon frère s'appelle Joe.
J'aime la musique, surtout la musique classique.
Je n'aime pas les animaux – ils sont sales, je trouve.
J'aime jouer au football

B   Sur le modèle d'Ann et de Pat, écris ta fiche d'identité.

10 8.4 **Qu'est-ce qu'ils préfèrent comme sport?**

115

11 Mots croisés

12 Travail en groupes

A Modèle d'un travail en groupes.

Find out what your classmates think of these hobbies.
Here is a possible model which will help you:

	Jean-Paul	Marie-Claire	Hervé
Tu aimes regarder la télé?	–	+++	++
Tu aimes faire du sport?	++	–	+++

Sylvie	Tu aimes regarder la télé, Jean-Paul?
Jean-Paul	Je n'aime pas tellement la télé. À mon avis, c'est ennuyeux. Et toi, Marie-Claire?
Marie-Claire	J'adore regarder la télé. J'aime surtout les films policiers. Ils sont passionnants. Et toi, Hervé? Tu aimes regarder la télé?
Hervé	Oui, j'aime beaucoup la télé. Je préfère les films d'aventure.
Sylvie	Tu aimes faire du sport, Jean-Paul?
Jean-Paul	Oui, je suis très sportif. J'aime beaucoup le football et le tennis. Et toi, Marie-Claire?
Marie-Claire	Non, je n'aime pas faire du sport. Je préfère la lecture. Hervé?
Hervé	J'adore faire du sport. C'est mon passe-temps préféré.

B À vous maintenant.
Which are the most popular hobbies in your group?

J'adore +++
J'aime beaucoup ++
J'aime +
Je n'aime pas –
Je n'aime pas tellement – –
Je déteste – – –

Using the same code do your own group-work survey.

C Fais un rapport.
Dans mon groupe il y a (cinq) élèves. Deux personnes aiment lire des romans. Tout le monde (*everybody*) aime regarder la télé. Personne n'aime (*nobody likes*) collectionner des timbres.

Carte d'identité

• A-ha est un groupe norvégien très connu en France.

MORTEN HARKET

Né le:	14 septembre 1959 à Kongsberg en Norvège
Taille:	1,82 m
Cheveux:	Blond foncé
Yeux:	Bleus
Famille:	Trois frères et une soeur. Son père est cancérologue et sa mère est professeur d'économie.
Sport Favori:	La moto
Cuisine:	Japonaise et française
Caractère:	Romantique, déterminé, honnête et franc

PAL WAAKTAR

Né le:	6 septembre 1961 à Oslo, Norvège
Taille:	1,82m
Cheveux:	Blonds
Yeux:	Verts
Famille:	Son père est pharmacien et sa mère employée des télécommunications
Sport Favori:	Le ski
Cuisine:	Japonaise
Caractère:	Secret, gentil, poli et discipliné

MAGS FURUHOLMEN

Né le:	1er novembre 1962 à Oslo en Norvège
Taille:	1,86 m
Cheveux:	Blonds
Yeux:	Bleus
Famille:	2 frères. Son père était musicien (il est mort) et sa mère est professeur.
Sports Favoris:	Le tennis, le wind-surf
Cuisine:	Italienne
Caractère:	Spontané, impulsif, énergique

- Écris un petit paragraphe sur les autres membres du groupe A-ha (Pal Waaktar, Mags Furuholmen).

Exemple: Morten Harket est né le 14 septembre 1959 à Kongsberg en Norvège. Il fait 1,82 mètres. Il a des cheveux blond foncé et des yeux bleus. Il a trois frères et une soeur. Son père est cancérologue et sa mère est professeur d'économie. Il aime beaucoup la moto et A-ha. Il adore la cuisine française et japonaise. Il est romantique, déterminé, honnête et franc.

14 LES QUESTIONS

- You may have noticed some of the ways of asking questions in French. Here are 3 ways of asking someone if he/she likes doing something.

(1) **Est-ce que tu aimes** faire du sport?
(2) **Tu aimes** faire du sport?
(3) **Aimes-tu** faire du sport?

ATTENTION

Jouer à + sport	le foot le tennis le basket	Je joue **au** foot Je joue **au** tennis Je joue **au** basket
Jouer de + instrument	le piano la batterie l'accordéon	Je joue **du** piano Je joue **de la** batterie Je joue **de l'**accordéon

- Pose des questions à ton voisin/ta voisine.

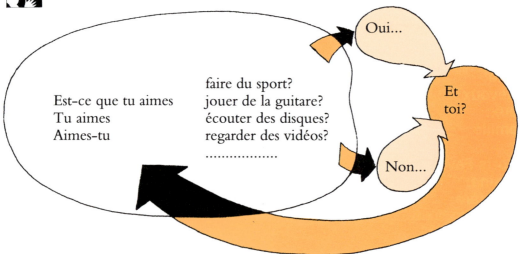

- How many ways of asking questions can you find on p 119?

15 AIMES-TU LA MUSIQUE?

A   Choisis une réponse pour chaque question et lis les commentaires en bas de la page.

B   Write out examples of the 3 different ways of asking a question.

1. **Est-ce que tu écoutes de la musique pendant les repas?**
   - (a) De temps en temps. (2 points)
   - (b) Oui, toujours. (3 points)
   - (c) Non, jamais. (1 point)

2. **Est-ce que tu écoutes de la musique plus de deux heures par jour?**
   - (a) Oui, pendant les vacances seulement. (2 points)
   - (b) Oh oui! Quatre ou cinq heures! (3 points)
   - (c) Non, moins de deux heures! (1 point)

3. **Tu regardes un concert de ton groupe préféré à la télé. Ton ami(e) arrive. Il/Elle déteste le groupe. Que fais-tu?**
   - (a) Tu ne regardes pas la télé. (1 point)
   - (b) Tu regardes la télé et tu parles à ton ami(e). (2 points)
   - (c) Tu regardes le concert. Tu ne regardes pas ton ami(e). (3 points)

4. **Tu écoutes de la musique quand tu fais tes devoirs?**
   - (a) Oui, toujours. (3 points)
   - (b) De temps en temps. (2 points)
   - (c) Non, les devoirs, c'est important! (1 point)

5. **Achètes-tu beaucoup de disques et de cassettes?**
   - (a) Oui, toutes les semaines. (3 points)
   - (b) Non, rarement. (1 point)
   - (c) De temps en temps. (2 points)

6. **Joues-tu d'un instrument de musique?**
   - (a) Non, c'est difficile. (1 point)
   - (b) Oui, j'ai un instrument de musique à la maison. (2 points)
   - (c) Je joue de la guitare, du piano, de la flûte... (3 points)

COMMENTAIRES

Entre 15 et 18 points: La musique est une obsession pour toi. Est-ce que c'est une bonne chose?

Entre 10 et 14 points: Tu aimes la musique mais tu es raisonable. C'est bien.

Entre 6 et 9 points: Tu n'aimes pas beaucoup la musique. Quel est ton passe-temps préféré?

16 **Tu aimes écouter de la musique?**
Remplis la grille.

17 **How does the weather affect your pastimes?**
A Make a list of the things you do and don't do in your free time depending on the weather. Here are some phrases which will help you. Add to the list with some more pastimes of your own. *Lire* (to read) and *sortir* (to go out) are new verbs. They are irregular so you will have to learn them off by heart.

Exemple:
Quand il fait beau, je sors avec mes amis.
Quand il fait mauvais, je reste à la maison et je lis des B.D.

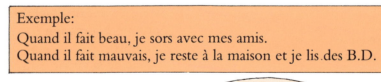

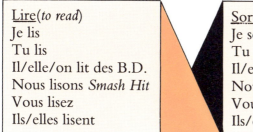

Lire (to read)	Sortir (to go out)
Je lis	Je sors avec mes amis
Tu lis	Tu sors
Il/elle/on lit des B.D.	Il/elle/on sort
Nous lisons *Smash Hit*	Nous sortons le samedi soir
Vous lisez	Vous sortez
Ils/elles lisent	Ils/elles sortent

 B Compare ta liste avec ton voisin/ta voisine
Exemple: ✴ Quand il fait beau je sors avec mes amis. Et toi ?
✴ Moi, quand il fait beau je joue au tennis....

18 **Complète avec le verbe lire ou le verbe sortir**

QU'EST-CE QUE TU VAS FAIRE?/*WHAT ARE YOU GOING TO DO?*

19 ET CE WEEK-END, QU'EST-CE QUE TU VAS FAIRE?

If you want to say what you are going to do, use the verb *aller* in the present tense plus an infinitive.

Exemple:

ALLER	+	INFINITIVE	
Je vais		regarder	la télé
I'm going		*to watch*	*TV*

Rappel
Aller (*to go*)
Je   vais
Tu   vas
Il/elle/on va
nous   allons
vous   allez
Ils/elles vont

 A Pose des questions à ton voisin/ta voisine, puis remplis la grille.

Qu'est-ce que tu vas faire ce week-end ? / vendredi samedi dimanche / matin après-midi soir / je vais jouer au tennis je vais aller en ville je vais regarder la télé / Et toi ?

 B Écris un rapport
Exemple :

Moi: Vendredi soir je vais regarder la télévision . . .
Mon voisin/ma voisine: Vendredi soir il/elle va aller au cinéma.
Samedi après-midi il/elle va aller en ville . . . .

20 Petites Annonces

A Who would you write to if:

1) you were interested in cooking.
2) you were interested in travelling and going on an exchange visit to France.
3) you were interested in exchanging stamps.
4) your hobby was horse-riding.
5) your hobbies were dancing and reading.

BRUNO de Dijon (21) cherche correspondant(e) sympa qui aime échanger timbres et cartes postales.

PASCALE de Lyon (69) qui adore faire la cuisine cherche correspondant(e) pour partager expérience et échanger recettes.

ANNABELLE de Sainte-Geneviève-des-Bois (91) cherche correspondant(e) parlant anglais pour correspondre et se retrouver pendant les vacances.

PHILIPPE d'Ursé (Belgique) aime faire du vélo et joue de la guitare. Il voudrait correspondre avec jeunes tous pays.

MARIE de Moissac (82) voudrait avoir une correspondante aimant la danse et la lecture.

J'ai 13 ans et je désire correspondre avec une anglaise ou une irlandaise de 12/13 ans parlant un peu français. Joindre photo avec adresse SVP. ISABELLE CUPIF, 269 rue de Morangles, 60530 Crouy-en-Thelle.

J'ai 14 ans et je désire correspondre avec garçons et filles de mon âge. J'aime J.J. Goldman, Gold, A-Ha. Joindre photo si possible. Réponse assurée. DOMINIQUE DERENNE, cité Charles-Gabriel St-Rose, 97115 Guadeloupe.

J'ai 13 ans et je voudrais correspondre avec des garçons de 12/13 ans. J'aime les animaux (en particulier les chevaux) et Bros. Si possible photo. LAURENCE FONDAIR, 39 rue Jules Theunis, 5751, Floriffoux, Belgique.

B Choisis une personne et écris une lettre pour te présenter. Tu peux parler de toi, ta famille et tes passe-temps.

LES SUGGESTIONS

21 **Faire des suggestions**

How to make and respond to suggestions.

| On va | au cinéma? | Tu veux aller | au stade? |
| | à la piscine? | | à la maison des jeunes? |

| On joue | au basket? | Tu veux jouer | au football? |
| | au ping-pong? | | au tennis? |

Agreeing
Oui
D'accord
O.K.
Bonne idée
Oui, je veux bien

Rejecting a suggestion
Non
Non, pas ça
Je ne veux pas

Giving a reason
Je n'ai pas envie
Je n'aime pas — le football / le tennis / le cinéma / le parc
Il y a un bon film à la télé
Ce n'est pas possible
Je n'ai pas d'argent
J'ai des devoirs à faire

Suggesting something else
Je préfère — regarder la télé / aller au cinéma / jouer au tennis

22 8.7 More suggestions

How many ways of making a suggestion can you find here?
How many are agreed to?

(3)
* Tu veux jouer au tennis?
★ Non, je n'ai pas envie. Je préfère regarder la télé.
* Paresseux!

(1)
* Salut, Danielle!
★ Salut, Michel!
* Écoute, j'ai une idée. Il fait beau aujourd'hui. On va à la piscine!
★ D'accord

(2)
* Dis, Jean, j'ai une idée. Il fait mauvais aujourd'hui. On va au cinéma?
★ Oh d'accord, c'est une bonne idée.
* On va à la séance de 14 h?
★ O.K.

Cochez la bonne case
Put a tick in the correct box to show whether the first speaker's suggestion is agreed to or not.

Des suggestions
Practise making suggestions and agreeing to them or refusing them as in the dialogues. The vocabulary on page 125 will help you.

On joue au foot? au tennis?

On va au cinéma? à la piscine?

Tu veux jouer aux cartes? aller à la maison des jeunes?

ON DANSE?

jouer au football   sortir ce soir   regarder la télé
jouer au tennis   aller à la piscine   aller à la maison des jeunes
aller au cinéma   écouter des disques

Qu'est-ce qu'on fait?
Joue et écris les dialogues.

Les passe-temps
Qu'est-ce qu'ils font pendant leur temps libre? Sophie, Lucie, Julien, Jean-François et Claude parlent de leurs passe-temps. Ils parlent vite. Écoute la cassette deux ou trois fois et remplis la grille.

Le week-end dernier
Écoute Jean-Paul et Béatrice qui racontent comment ils ont passé le week-end dernier. Qu'est-ce qu'ils ont fait? Remplis la grille.

RÉSUMÉ

See the language chart on page 109

Je vais en discothèque
Je vais en ville
Je vais à la piscine
Je vais au cinéma

Je fais du sport
Je fais du vélo
Je fais de la natation
Je fais des promenades

J'aime
écouter des disques
regarder la télé
aller au cinéma
aller en ville
sortir avec mes amis
faire du sport
lire des B.D.

Je joue au tennis
Je joue au foot
Je joue au hurling
Je joue au ping-pong
Je joue du piano
Je joue de l'accordéon
Je joue de la guitare

Je lis des magazines
Je sors avec mes ami(e)s
Je regarde la télé
J'écoute des disques

Le sport			
Jouer à + sport		le football	Je joue **au** football
		le tennis	Je joue **au** tennis
		le basket	Je joue **au** basket

La musique			
Jouer de + instrument		le piano	Je joue **du** piano
		la batterie	Je joue **de la** batterie
		l'accordéon	Je joue **de l'**accordéon

Aller + infinitif	Qu'est-ce que tu vas faire ce week-end? Je vais aller au cinéma.

Verbs

Lire (*to read*) Je lis des bandes dessinées Tu lis des magazines? Il/elle/on lit Nous lisons Vous lisez Ils/elles lisent	Sortir (*to go out*) Je sors avec mes amis Tu sors Il/elle/on sort Nous sortons Vous sortez Ils/elles sortent

Évalue tes progrès.

Unité 9

- demander et dire l'heure
- décrire une journée d'école
- demander à boire/à manger
- offrir quelque chose
- accepter/refuser
- les repas en France

Page
127 asking and saying what time it is
131 describing a school day
136 asking for something to drink/eat
136 offering something to eat/drink
136 accepting/refusing politely
140 meals in France

Asking the time (page 129)	Quelle heure est-il s'il vous plaît? s'il te plaît?
Saying it's	
5.00	Il est cinq heures.
6.10	Il est six heures dix.
7.30	Il est sept heures et demie.
9.15	Il est neuf heures et quart.
2.45	Il est trois heures moins le quart.
3.40	Il est quatre heures moins vingt.
midday	Il est midi.
midnight	Il est minuit.
Exchanging information about what time you get up/go to bed (page 132)	À quelle heure tu te lèves? tu te couches? Je me lève à huit heures. Je me couche à dix heures.
Asking for something to drink/eat (page 136)	Je peux avoir un thé, s'il vous plaît? Je voudrais un sandwich, un verre d'eau, s'il te plaît?
Handing something	Oui, bien sûr Tiens, voilà
Offering something to eat/drink	Tu veux un café? Vous voulez un thé?
Accepting	Oui, s'il te plaît s'il vous plaît Oui, je veux bien. Oui, j'aime bien. D'accord.

Politely refusing	Non, merci.
	Je n'aime pas le café
	Je préfère un thé
	Il n'y a pas de coca?

L'HEURE/*TIME*

À quelle heure

Can you imagine situations where you might need to understand or say the time in French?
Exemple: arranging to meet someone ...

Il est sept heures.

Il est huit heures.

Il est six heures.

Il est midi.

Il est minuit.

Jean et Caroline se donnent rendez-vous.
At what time do they arrange to meet?

Caroline	Quelle heure est-il?
Jean	Il est deux heures.
Caroline	Tu es libre à quelle heure?
Jean	À quatre heures.
Caroline	Alors, ici à quatre heures?
Jean	D'accord.

À toi maintenant. Regarde les montres ci-dessous. Joue le dialogue.

Il est huit heures et demie.   Il est neuf heures et demie.

Il est dix heures et quart.   Il est cinq heures moins le quart.

3 9.2 Nadine a manqué le bus
What time is the next one at?

Nadine Bonjour Paul. Quelle heure est-il?
Paul   Il est six heures cinq.
Nadine Ah non! J'ai raté mon bus.
Paul   Tant pis. Il y a un autre bus à six heures vingt-cinq.

À toi maintenant. Regarde les montres ci-dessous. Joue le dialogue.

4 9.3 Quelle heure est-il?
Choisis la bonne réponse

5 The 24 hour clock
Have you noticed that the 24-hour clock is used quite often in France?
It is always used on timetables, and very often on notices, etc.,
so you need to understand it. For example if it is 4 p.m. you might hear:
'Il est seize heures.' (16.00)

Did you notice that we don't use 'et demie' or 'et quart' when we are using the 24 hour clock?

half past four (in the afternoon)   16h.30   *seize heures trente*
seven fifteen (in the evening)   19h.15   *dix-neuf heures quinze*

6 L'horaire des trains

How many trains are there in the morning and how many in the afternoon?

Paris-Les Aubrais-Orléans-Tours

(A)	(B) ✗		✗		✗	✗
6 05	6 50	7 02	7 51	9 03	9 54	12 00
7a09		7 59	8 48	10 00	10a57	12 58
7 47		8 43		11 06	11 33	13 30
8 27	8 37	9c10	9 53	11 51	12 06	14 10

	✗	(C) ✗ ★				
13 33	13 51	17 15	18 35	19 23	19 32	22b30
14a39		18 12		20 21	20 30	23b28
15 28	15 14	18 43		21 04	21 18	23 59
16 17	15 48	19 22	20 23	21 48	22 05	0 36

7 Blague

Un monsieur téléphone à la SNCF.

✸ Combien de temps met le TGV pour aller à Genève s'il vous plaît mademoiselle?
★ Une petite minute, monsieur ....
✸ Merci.

Et il raccroche.

8 L'horloge parlante

Quelle heure est-il?

9 **Décalage horaire** — *Time zones*
A Quelle heure est-il?
B Et maintenant quelle heure est-il?

10 **Écoute et remplis la grille.**

11 **La journée de Jean-Luc**
Fais correspondre le texte et les dessins.

Je rentre à la maison à 5h.05.
Je prends le dîner à 7h.
J'arrive au collège à 8h.20.
Je me couche vers 10h.
Je fais mes devoirs à 5h.45.
Je prends mon petit déjeuner à 7h.10.
Je prends l'autobus à 7h.45.
Les cours se terminent à 4h.30.
Les cours commencent à 8h.30.
Je me lève à 6h.50.
À 10h.30 c'est la récréation.
Je goûte à 5h.30.
À midi, je mange à la cantine.

12 REFLEXIVE VERBS.
You have already met one reflexive verb: '*s'appeler*'.

Rappel
s'appeler (*to be called*)

Je	**m'**appelle
Tu	**t'**appelles
Il/elle	**s'**appelle
Nous	**nous** appelons
Vous	**vous** appelez
Ils/elles	**s'**appellent

Eric Christine?

Here are some more reflexive verbs.
se lever (*to get up*)   se coucher (*to go to bed*)

| Je | **me** lève |
| Tu | **te** lèves |
| Il/elle | **se** lève | à sept heures
Nous	**nous** levons
Vous	**vous** levez
Ils/elles	**se** lèvent

| Je | **me** couche |
| Tu | **te** couches |
| Il/elle | **se** couche | à dix heures
Nous	**nous** couchons
Vous	**vous** couchez
Ils/elles	**se** couchent

 13 **Mets les phrases dans l'ordre.**

 **14** **Complète avec me, te, se ...**

15 **À quelle heure?**
At what time do you think your partner does these activities?
Fill in the first column before you do the pair-work.
This is your guess. Then ask the questions to see if you were right.

16 ET TOI? TU PEUX DÉCRIRE TA JOURNÉE SCOLAIRE?

Copie et complète ce texte dans ton cahier.

Je me lève à ..... J'arrive à l'école à ......
Les cours commencent à .... Il y a une récréation à ....
Je prends le déjeuner à .... Les cours se terminent à ....
J'arrive à la maison à .... Je fais mes devoirs à .....
Je mange à ..... Je me couche à ....

17 Et samedi prochain, qu'est-ce que tu vas faire?

Rappel
Aller + Infinitif

Je vais
jouer au foot
téléphoner à des amis
faire du vélo
sortir avec mes amis
regarder des vidéos
ranger ma chambre
faire mes devoirs
écouter des disques
aller en boîte
faire la grasse matinée
tondre la pelouse

A Qu'est-ce que tu vas faire samedi prochain? Choisis plusieurs activités de cette liste. Puis écris un petit rapport en utilisant:

D'abord   *first of all*
Puis   *then*
Après   *after that*

Regarde l'exemple de Benoît pour modèle

Quand		Ce que je vais faire
samedi matin:	D'abord Puis Après	je vais téléphoner à mon copain Marc je vais faire du vélo je vais aller en ville
samedi après-midi		
samedi soir:		

Salut! Moi, c'est Benoît. C'est bientôt le week-end. Chouette! Parce que samedi prochain il n'y a pas d'école. Samedi matin, d'abord je vais téléphoner à mon copain Marc. Puis nous allons faire du vélo ensemble. Après je vais aller en ville avec les copains. Samedi après-midi,......

 B Pose des questions à ton voisine/ta voisine. Avez-vous les mêmes plans?

Exemple:
✻ Qu'est-ce que tu vas faire samedi matin?
✪ D'abord je vais faire la grasse matinée. Et toi?
✻ Moi aussi.
✪ Puis je vais aller en ville. Et toi?
✻ Non, moi je vais jouer un match de foot...
✪ Après je...
✻ Moi, après je ...

 **La journée d'Agnès et de Christine**
Complète la grille.

 Les heures en France et en Irlande
Complète la grille. Puis compare l'heure.

 RENDEZ — VOUS AU CINÉMA.

• Have a quick look at the title and the pictures and see if you can guess what the story is about. You'll get more clues by reading the questions below.

• Mets les 4 dessins dans l'ordre.
There is (at least) one picture missing. Read the story and then draw the missing picture(s).

- 1) Christiane and Michel's date went badly wrong. What happened?
- 2) Did anything like this ever happen to you?
- 3) How long would you have waited?

Il est neuf heures moins vingt. Christiane met sa veste et prend son sac. Elle a rendez-vous avec Michel à neuf heures moins cinq devant le cinéma Rex. Il y a un bon film ce soir au Rex. On donne 'Trois hommes et un couffin'? 'Au revoir Maman.' 'Au revoir Christiane. Amuse-toi bien et ne rentre pas trop tard'.

Christiane ferme la porte de l'appartement. Elle descend l'escalier et sort dans la rue. Elle commence à marcher. Le cinéma est tout près. Elle arrive à neuf heures moins dix. 'Je suis un peu en avance mais tant mieux' dit-elle. Le temps passe... neuf heures moins cinq, ... neuf heures moins trois ... neuf heures. Un monsieur sort du cinéma et lui dit: 'Le film commence Mademoiselle'. Mais Michel n'est pas là.

Il est neuf heures et Michel n'est pas là. Où est-il? Oh .. mais avec le bus on est toujours en retard. Neuf heures cinq. Elle est toute seule devant le cinéma. Une voiture s'arrête et un homme lui crie. 'Vous attendez quelqu'un Mademoiselle'? Christiane ne dit rien. La voiture part. Attendre toute seule dans la rue, la nuit, c'est très désagréable.

Neuf heures et quart. Ah, enfin, voilà le bus! Michel est sans doute dans ce bus. Deux hommes descendent. Trois femmes descendent. Et un garçon ... oui, il y a un garçon. Le garçon descend. Mais ce n'est pas Michel. Elle ne comprend pas. Michel est un bon copain. Elle regarde sa montre. Neuf heures et demie. Elle est furieuse. 'Ça y est! Je rentre à la maison. Un bon copain ce Michel'. Et Christiane rentre à la maison.

Devant le cinéma Rio, il y a un garçon. Il est tout seul. Il regarde sa montre. Neuf heures et demie. Il est furieux. 'Ça y est! Je rentre à la maison. Une bonne copine, cette Christiane'. Et Michel rentre à la maison.

couffin

J'AI FAIM/J'AI SOIF
I'M HUNGRY/I'M THIRSTY

21 **Demander à boire ou à manger**

Je peux avoir un sandwich, s'il vous plaît?
un verre d'eau minérale, s'il te plaît?
Je voudrais un thé, s'il vous plaît?
un sandwich, s'il vous plaît?

Oui, bien sûr. Tiens, voilà.

Merci.

N.B. *Je voudrais* (I would like) and *Je peux avoir* (Can I have?) are two polite ways of asking for something.

22  **J'ai faim**

1. ✳ J'ai faim! Quelle heure est-il?
   ✳ Il est midi et quart.
   ✳ Je peux avoir un sandwich, s'il te plaît?
   ✳ Oui, bien sûr. Au pâté ou au jambon?
   ✳ Au pâté, s'il te plaît.
   ✳ Tiens, voilà.
   ✳ Merci.

Et toi, qu'est-ce que tu préfères, un sandwich au pâté? au jambon? au fromage?

23 **Accepter/refuser à manger à boire**

Tu veux un café?
Vous voulez un thé?

Oui, je veux bien.
Oui, j'aime bien le café.
D'accord.
Oui, s'il te plaît/s'il vous plaît.

Non, merci.
Je n'aime pas le café.
Je préfère un thé.
Il n'y a pas de coca?

This is how the conversation might go if someone was offering you some tea or coffee.

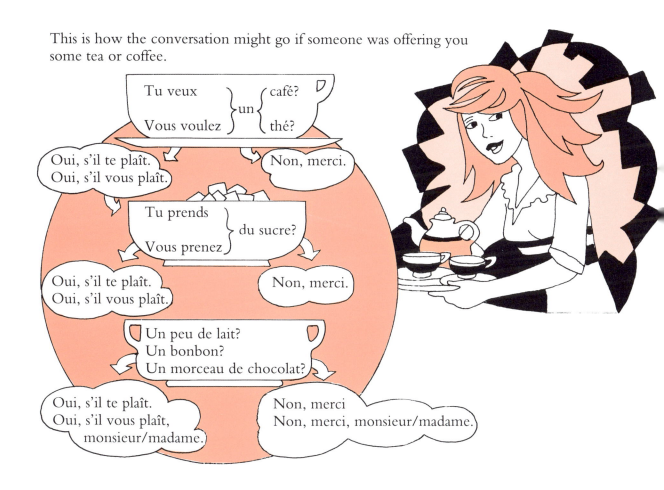

  J'ai soif

1
- Oh, il fait chaud! J'ai soif.
- Tu veux un coca?
- Non, je n'aime pas ça. Il n'y a pas de jus de fruit?
- Je vais voir. Alors, jus d'orange ou jus de pomme?
- Jus de pomme, s'il te plaît.
- Tiens, voilà.
- Merci

2
- Vous voulez un thé ou un café?
- Je préfère un café.
- Avec ou sans sucre?
- Oui, deux sucres, s'il vous plaît
- Du lait?
- Non, merci.

Vouloir (to want)	
Je	**veux**
Tu	**veux**
Il/elle/on	veut
Nous	voulons
Vous	**voulez**
Ils/elles	veulent

25 **Joue et écris les dialogues.**

26 **Fais correspondre.**

27 **Le petit déjeuner**

Classe ces mots

la confiture ❀ le toast ❀ la tartine ❀ l'oeuf ❀ le thé
le croissant ❀ le pain ❀ le beurre ❀ le jus d'orange
le café (au lait) ❀ le chocolat ❀ le muesli ❀ le porridge
les cornflakes ❀ le lait ❀ l'eau

Boissons   Céréales   Autres

28 DU — DE LA — DE L' — DES

Where we often use 'some', or where we don't put anything at all before the noun, we use **du, de la, de l', des**, in French.

le lait (m) Je prends **du** lait.
la confiture (f) Je prends **de la** confiture.
l'eau (f) Je bois **de l'eau** (de l'- *begins with a vowel*).
les céréales (f — *plural*) Je prends **des** céréales.

29 Le petit déjeuner

A Qu'est-ce que tu prends pour le petit déjeuner?
Write down what **you** have for breakfast.

Je prends des céréales.   Je bois du thé.

B Compare ta liste avec celle de ton voisin/ta voisine.

A Qu'est-ce que tu manges pour le petit déjeuner?
            tu prends .....
            tu bois .....

B Moi je mange .....
     je prends .....
     je bois .....
     Et toi?

A Moi (aussi) je mange .....
                je prends .....
                je bois .....

Prendre (to take)	
Je	**prends**
Tu	**prends**
Il/elle/on	prend
Nous	prenons
Vous	**prenez**
Ils/elles	prennent

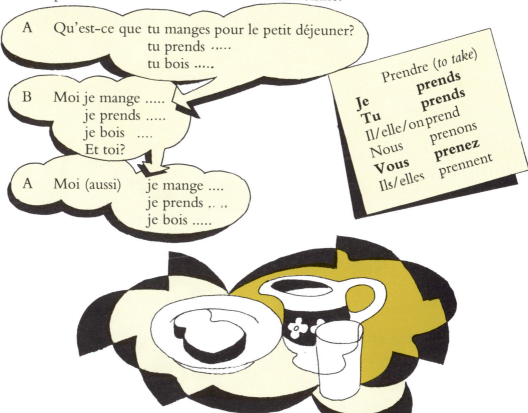

30 Complète avec le verbe <u>prendre</u>.

31 Bon appétit.
Here is a list of vocabulary relating to food. Look up the words in the lexique and classify them in your copy under the headings below.

- Entrée
- La viande (*meat*)
- Des légumes (*vegetables*)
- Dessert

la tomate ❀ le choux ❀ le poulet ❀ des frites ❀ un melon
le mouton ❀ la soupe ❀ le porc ❀ des haricots ❀ le bacon
le bifteck ❀ des petits pois ❀ le rosbif ❀ un yaourt
la viande hachée ❀ la pomme de terre ❀ le pâté
le poisson ❀ une pomme

32 9.10 **Qu'est-ce qu'ils aiment manger?**
Complète la grille.

33 **Les repas en France.**
  Le petit déjeuner

Pour le petit déjeuner, les français boivent souvent. du café au lait, du chocolat ou du thé avec des tartines: du pain (la baguette), du beurre et/ou de la confiture.

Le déjeuner

Beaucoup de jeunes français mangent à la cantine de l'école.
Voici un menu typique.

Le goûter

Après l'école vers 5 heures et demie, les jeunes français mangent souvent des tartines ou du pain et du chocolat.

Le dîner

On mange le dîner en famille vers 7 heures. Les français mangent une entrée (*also known as* un hors d'oeuvre - par exemple de la soupe). Un plat principal (par exemple du bifteck et des frites), du fromage et un dessert.

En France on boit de l'eau ou du vin (pour les adultes) avec les repas.

- Imagine ton menu idéal à la cantine ou à la maison (entrée — plat principal — dessert),

Les repas

What do these young French people find particularly different about meals in Ireland?

Tout va bien ici. Je passe de bonnes vacances. La famille irlandaise est gentille, mais je n'aime pas la nourriture. On mange des pommes de terre tous les jours et on boit du thé tout le temps.

Les copains, ils n'aiment pas la nourriture ici. Moi, ça va. C'est différent, mais j'aime beaucoup leur petit déjeuner. On mange beaucoup au petit-déjeuner : des toasts, des céréales, du thé, du jus d'orange et le dimanche des œufs. C'est bon.

Ici la nourriture est très différente. Le soir, il y a une assiette avec de la salade, de la viande et deux légumes. Imagine tout ça dans une assiette...

Olivier, Laurence et Philippe sont en Irlande pour les vacances.

Jean-Paul interviews them about differences between meals in Ireland and France.

Voici quelques mots clés:

ici (here)   une entrée (starter)   la boisson (a drink)   une assiette (plate)   court (short)   un plat de résistance (main course)   un plat principal (main course)

- Here are some of the key questions. From what you know already what kind of answers would you expect?

  – Est-ce que tu as remarqué des différences entre l'Irlande et la France pour les repas?

  – Qu'est-ce que tu prends en Irlande au petit déjeuner?

  – Et le repas du soir? Qu'est-ce qu'on mange en Irlande?

  – La nourriture en Irlande, ça te plaît?

- Now listen and see if you were right. Note the main differences they mention between meals in Ireland and in France.

Le samedi de Mélanie

Here is an extract from Mélanie's diary for last Saturday.

Did you get up as late as Mélanie last Saturday?
Did you do anything that she did?
Are you allowed to stay out as late as she did?

143

RÉSUMÉ

See the language chart on p.126.

se lever (*to get up*)   se coucher (*to go to bed*)

Je **me** lève à 7.00 h. du matin	Je **me** couche à 10.00 h. du soir
Tu **te** lèves	Tu **te** couches
Il/elle/on **se** lève à midi	Il/elle/on **se** couche à minuit
Nous **nous** levons	Nous **nous** couchons
Vous **vous** levez	Vous **vous** couchez
Ils/elles **se** lèvent	Ils/elles **se** couchent

Prendre (*to take*)   Vouloir (*to want*)

Je	**prends**	**Je**	**veux**
Tu	**prends**	**Tu**	**veux**
Il/elle/on	prend	Il/elle/on	veut
nous	prenons	Nous	voulons
vous	**prenez**	**Vous**	**voulez**
Ils/elles	prennent	Ils/elles	veulent

Au petit déjeuner

le lait (*m*)   Je prends **du** lait
la confiture (*f*)   Je prends **de la** confiture
l'eau (*f*)   Je bois **de l'**eau   (l' *before a vowel*)
les céréales (*f-plural*)   Je prends **des** céréales

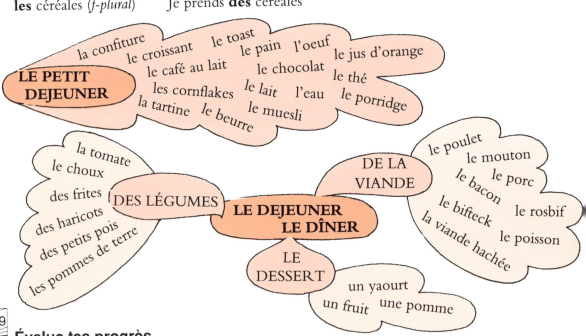

Évalue tes progrès.

Unité 10

	Page	
• l'école en France	148	school in France
• tes matières	150	your school subjects
• les transports	155	how you go to school
• pourquoi tu aimes/n'aimes pas une matière	156	why you like/don't like a school subject
• la discipline	163	school rules
• la cantine	164	school meals
• faire un projet	165	doing a project

Talking about the subjects you do at school (page 150)	Qu'est-ce que tu fais à l'école?	
	J'étudie	l'anglais les maths le français l'histoire/géo ....
How you go to school (page 155)	Comment vas-tu à l'école?	
	Je vais à l'école	- en vélo - en voiture - en train - en mobylette - à pied
Talking about subjects you like/don't like and why (page 156)	Tu aimes la géographie? Pourquoi?	
	Oui	le prof est sympa c'est intéressant c'est facile c'est utile
	Bof!	c'est ennuyeux
	Parce que	
	Moyen	c'est un peu difficile
	Non	le prof est dur/vache c'est trop difficile
Saying how good you are at a subject (page 156)	Je suis fort(e) Je suis moyen(ne) Ça va Ça peut aller Je suis faible Je suis nul(le)	en maths

L'ÉCOLE

Les matières

- Which of Jean-François' subjects do you also study?

> Je m'appelle Jean-François. J'ai douze ans. Je suis en sixième (6e) au Collège Jeanne-d'Albret à Pau. À l'école j'étudie neuf matières: l'anglais, les mathématiques, l'histoire – géo, la musique, le français, les sciences naturelles, l'éducation civique, le sport et l'éducation manuelle et technique. Ma matière préférée est la musique. J'ai toujours de bonnes notes.

- What do you think is Michel's favourite subject?

> Moi, je suis Michel. J'ai quatorze ans. Je suis en quatrième (4e). Je n'aime pas beaucoup l'école. Je déteste l'histoire – géo parce que c'est ennuyeux. Je suis fort en anglais. J'adore les sciences. Le cours est toujours intéressant.

- What subject is Chantal not good at?

> Je m'appelle Chantal. Je suis en seconde (2e) au lycée. Ma matière préférée est le français. Je suis nulle en latin. J'aime l'histoire-géo. C'est intéressant et puis j'aime le prof. J'adore l'éducation physique. J'aime surtout la gymnastique.

- Can you work out what age Chantal is? Regarde le diagramme à l'exercice 2.

| 2 | **L'école en France et en Irlande** |

Compare le système scolaire en France et en Irlande.

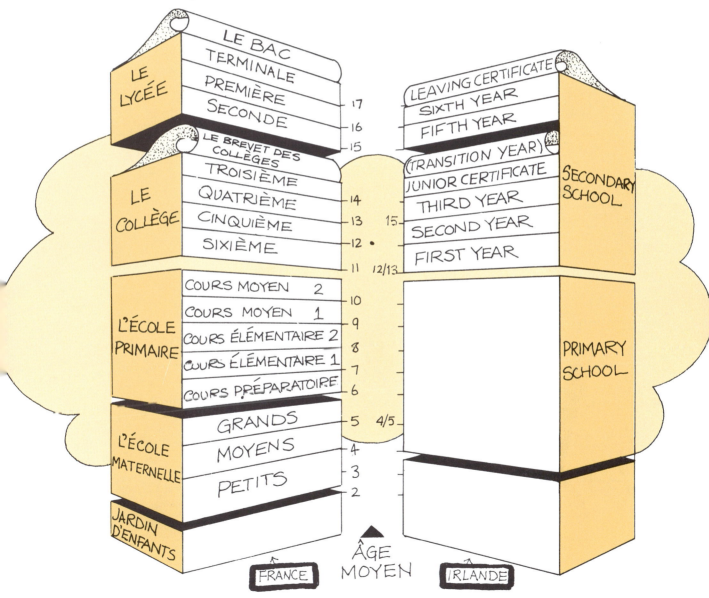

L'école en France

Regarde le diagramme et remplis les blancs. Puis écoute la cassette et vérifie tes réponses.

En France l'école est obligatoire de 6 à 16 ans. De 2 à 5 ans les élèves vont à la maternelle, de 6 à 10 ans ils vont à *** et de 11 à 18 ans au *** puis au lycée. Les élèves vont à l'école le lundi, le mardi, le ***, le vendredi et parfois le mercredi et samedi matin. Dans la majorité des écoles les élèves ne portent pas d'uniforme.

Les cours commencent vers 8 heures et finissent vers 5 heures. Ils ont 1 heure et demie/2 heures pour le déjeuner. Les élèves mangent souvent à la cantine. Les cours sont d'une heure. Ils étudient à peu près les mêmes matières qu'en Irlande, c'est à dire le français, l'anglais, l'histoire, la géographie, les mathématiques, l'espagnol, l'allemand, la gymnastique ....

Ils ont deux examens le B.E.P.C. et *** (équivalent du *Junior Certificate et Leaving Certificate*). Si tu étais dans une école française tu serais en ***, c'est à dire la première année de l'école secondaire.

PROJET

Voici un projet réalisé par une classe de sixième en France. You will see parts of the project as you progress through the unit. Why not do your own project? *On y va!* See p.165 for help in organizing your project.

Bonjour les amis,

Notre groupe va vous présenter notre école. Notre école s'appelle le collège Jean-Jaurès. C'est une école mixte; c'est à dire qu'il y a des garçons et des filles de 11 à 15 ans. Dans notre école il y a 397 élèves et seulement 17 professeurs!! Nous commençons les cours à 8.15 et nous finissons à 17.00 heures. Nous avons une cantine-c'est un self-service où nous mangeons entre midi et deux heures. Nous aimons bien notre école. C'est une école sympa.

"à suivre"...

MORE ABOUT FRENCH VERBS!

You will now see **finir** (to finish), a verb whose infinitive ends in **IR**. This verb has different endings to those of **ER** verbs which you have already met. (*Unité* 5 p.57). Study the picture carefully and see if you can do the exercise in the workbook.

7 **Comment s'appellent tes professeurs?**

 8 **Mots cachés.**
Trouve les matières.

 9 **Écris ton emploi du temps en français.**

 10 10.4 **Devine quel est le cours.**
What classes are you listening in on?
Mets les matières dans l'ordre.
    a) les maths   d) l'anglais (*English*)
    b) l'allemand (*German*) e) le français
    c) la géographie   f) l'espagnol (*Spanish*)

 11 10.5 **L'emploi du temps**
Écoute le professeur qui donne l'emploi du temps à une classe de sixième (6e). Remplis les blancs.

 12 **PROJET** (suite)

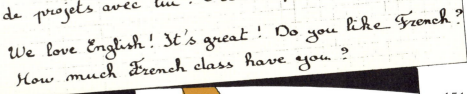

Chers amis

Nous sommes en sixième B. Dans notre classe il y a 27 élèves : 14 filles et 13 garçons. Nous avons 12 matières : les mathématiques, l'anglais, l'histoire, la géographie, l'éducation physique et sportive, le français, la physique, la biologie, le dessin, la musique et l'éducation manuelle et technique. Nous vous envoyons notre emploi du temps.

Nos profs sont très sympas, surtout Monsieur Burie notre prof d'anglais. On fait beaucoup de projets avec lui. C'est super.

We love English! It's great! Do you like French? How much French class have you?

• À vous!

Nous sommes en 1st year. Dans notre classe...

heures / jours	lundi	mardi	mercredi	jeudi	vendredi	samedi
8.15 - 9.15	Devoir surveillé	musique		éducation physique et sportive	biologie	étude
9.15 - 10.15	mathématiques	français		histoire géo	français	français
10.15 - 11.15	anglais	français		mathématiques	mathématiques	anglais
11.15 - 12.15	histoire géo	mathématiques		éducation manuelle et technique	étude	heure banalisée
2.15 - 3.15	éducation physique et sportive	histoire géo		français	anglais	
3.15 - 4.15		anglais		éducation civique	sciences physiques	
4.15 - 5.00		éducation manuelle et technique		sciences physiques	dessin	

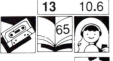

Écoute le modèle et continue

Ton professeur a donné l'emploi du temps mais tu n'as pas tout noté. Demande à ton voisin/ta voisine. Écoute le modèle et continue.

One of you (élève A) should look at exercise 13 A p.65 in the workbook and the other (élève B) should look at exercise 13 B p 67 in the workbook.

Élève A: Qu'est-ce qu'on a le lundi à 11 heures 10?
Élève B: Le lundi à 11 heures 10, on a français. Et à 10 heures moins 20 le lundi qu'est-ce qu'on a?
Élève A: On a maths.
Élève B: Et à midi moins 10, on a quoi?
Élève A: On a anglais. Le mardi à 9 heures, qu'est-ce qu'on a?
Élève B: On a maths.
Élève A: Et à 10 heures moins 20?
Élève B: .....

Qu'est-ce qu'on a?	*What do we have ...?*
On a quoi?	

14 **À toi!**

Regarde encore une fois 10.1 p. 146.
Écris un petit paragraphe sur le modèle de Jean-François.

15 **10.7** **Une école pas comme les autres.**
- Are there many schools like this one?
- What is *'Agility'*?
- Would you send your dog to this school?

L'ÉCOLE NATIONALE DU CHIEN

À St-Gervais-d'Auvergne, un petit village au centre de la France, il y a une école unique en Europe. Là, on étudie les matières traditionnelles, mais aussi on apprend tout sur les chiens!

Elle s'appelle l'École Nationale du Chien. Il y a 45 chiens, de 19 races différentes, dans le chenil de l'école. Les étudiants apprennent les métiers du chien; par exemple, ils apprennent à élever ou à dresser les chiens. Il y a différentes specialications; le chasse, le traîneau, le tropeau et la défense.

Le lycée de St-Gervais-d'Auvergne, c'est aussi le centre de la Fédération française d'Agility Dog.

L'Agility, c'est le jogging pour chiens! C'est une activité toute nouvelle en France. Elle vient de Grande-Bretagne. Les chiens doivent courir et sauter des obstacles ... ils adorent ça!

Si tu aimes les chiens et si tu veux des renseignements sur ce lycée, écris au: L.E.P.A., Avenue de la Gare, 63390 St-Gervais-d'Auvergne, France.

L'école du cirque

- When do the pupils have ordinary classes and when do they have their 'circus' classes?
- Et toi? Tu aimerais aller à cette école?
  Would you like to go to this school?

L'ÉCOLE NATIONALE du Cirque

À Paris, il y a une école super – c'est l'École nationale du cirque.

Les cours sont sympas – il y a la danse, l'acrobatie, le trapèze, le fil, le jonglage – tous les arts du cirque! Et les sept professeurs de l'école sont des artistes de cirque!

En sixième, les élèves prennent des cours d'enseignement général le matin et font les études artistiques l'après-midi. Après seize ans la danse et l'acrobatie sont obligatoires. On choisit aussi trois options: le trampoline, l'art clownesque et le trapèze volant, par exemple.

L'adresse de l'École nationale du cirque, c'est:
2 rue de la Côture
75019 Paris
Tél. 48455811

Les matières

Étienne, Sandrine, Nadine et Marie-Catherine parlent de leurs matières.
Écoute et remplis la grille.
Using the diagram on p. 147 can you work out what class they are in?

LES TRANSPORTS

18 **Comment vas-tu à l'école?**

Je vais à l'école

..... en vélo

..... en mobylette

..... à pied

..... en autobus

..... en train

..... en voiture

19 PROJET

Voici le rapport d'un sondage sur les transports dans notre classe. Quatre élèves habitent à côté de l'école. Ils vont à l'école à pied. Douze élèves ont beaucoup de chance. Ils vont à l'école en voiture avec leurs parents. Deux élèves habitent à l'extérieur de la ville. Ils vont à l'école en train. Neuf élèves vont à l'école avec le car de ramassage scolaire. Personne n'a de mobylette parceque nous n'avons pas 14 ans mais nous aimerions tous avoir une mobylette.

Faites votre sondage.
Can you do a similar survey in your class?

N'oubliez pas votre projet. Écrivez le rapport de votre sondage.

Voici le rapport d'un sondage sur les transports dans la classe de 1er année à - - - - -.

20 10.10   **What is happening in this class to-day?**

21   **Tu aimes tes matières? Pourquoi?**

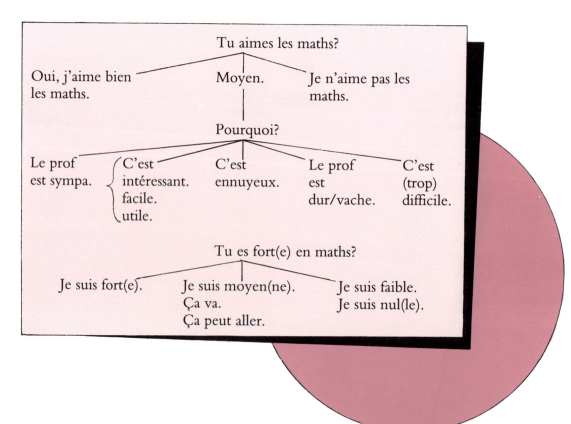

22 10.11 Tu aimes tes matières? Pourquoi?

A Can you guess the missing words? Then listen and see if you are right.

> ✸ Tu aimes l'anglais?
> ★ Oui j'aime bien. Je suis ✱✱✱ en anglais. Et toi?
> ✸ Bof, j'aime pas tellement. Je suis moyenne.
> ★ Tu aimes les maths?
> ✸ J'adore les maths. Je suis ✱✱✱ en maths.
> ★ Moi, je suis ✱✱✱ en maths. Je déteste ça. Et je n'aime pas le professeur.
> ✸ Moi, j'aime beaucoup l'histoire.
> ★ Ah bon, tu es ✱✱✱ en histoire?
> ✸ Oh moyenne. Et toi?
> ★ Je suis faible. Je n'aime pas l'histoire. À mon avis c'est ✱✱✱.

B À toi maintenant. Pose des questions à ton voisin/ta voisine.
The schema in exercise 21 and the dialogue will help you.

C Écris un petit rapport.
Exemple:

J'aime le français parce que c'est facile et très utile. Je n'aime pas le latin parceque c'est ennuyeux et le prof est dur.

Note: Have you noticed that sometimes people don't bother saying **ne** when speaking?

E.g.		
	written	spoken
	Je n'aime pas	J'aime pas
	Je ne sais pas	Je sais pas	(sounds like 'shay pa')

JE SAIS PAS

J'AIME PAS

23 PROJET

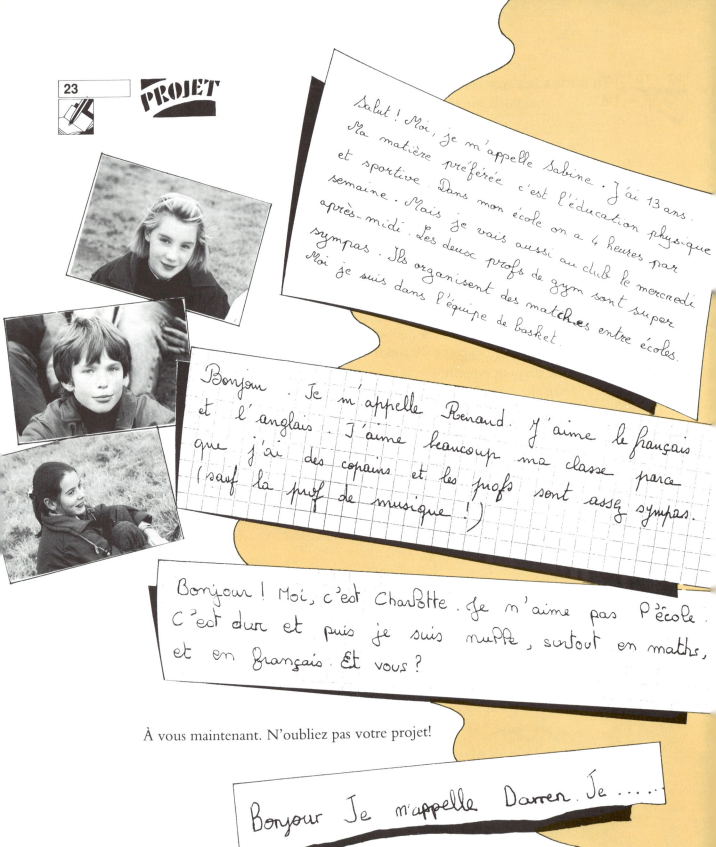

Salut! Moi, je m'appelle Sabine. J'ai 13 ans. Ma matière préférée c'est l'éducation physique et sportive. Dans mon école on a 4 heures par semaine. Mais je vais aussi au club le mercredi après-midi. Les deux profs de gym sont super sympas. Ils organisent des matches entre écoles. Moi je suis dans l'équipe de basket.

Bonjour. Je m'appelle Renaud. J'aime le français et l'anglais. J'aime beaucoup ma classe parce que j'ai des copains et les profs sont assez sympas. (sauf la prof de musique!)

Bonjour! Moi, c'est Charlotte. Je n'aime pas l'école. C'est dur et puis je suis nulle, surtout en maths, et en français. Et vous?

À vous maintenant. N'oubliez pas votre projet!

Bonjour Je m'appelle Darren. Je......

24 Clarisse écrit à Aoife.

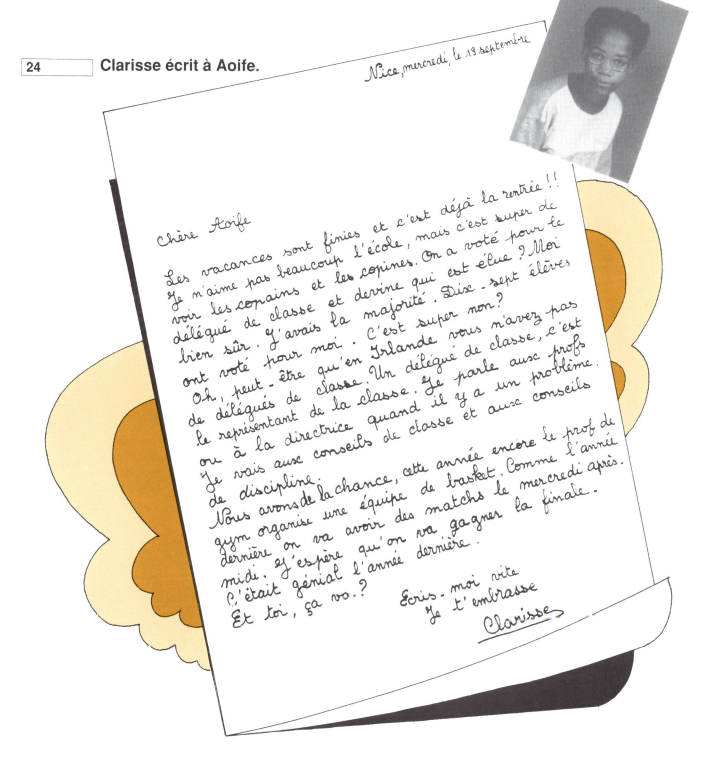

Nice, mercredi, le 19 septembre

Chère Aoife

Les vacances sont finies et c'est déjà la rentrée !! Je n'aime pas beaucoup l'école, mais c'est super de voir les copains et les copines. On a voté pour le délégué de classe et devine qui est élue ? Moi bien sûr. J'avais la majorité. Dix-sept élèves ont voté pour moi. C'est super non?

Oh, peut-être qu'en Irlande vous n'avez pas de délégués de classe. Un délégué de classe, c'est le représentant de la classe. Je parle aux profs ou à la directrice quand il y a un problème. Je vais aux conseils de classe et aux conseils de discipline.

Nous avons de la chance, cette année encore le prof de gym organise une équipe de basket. Comme l'année dernière on va avoir des matchs le mercredi après-midi. J'espère qu'on va gagner la finale. C'était génial l'année dernière.

Et toi, ça va ?

Écris-moi vite
Je t'embrasse
Clarisse

A '*conseil de classe*' takes place once a term. All the teachers, the '*délégué de classe*' and sometimes the parents' representatives, attend the meeting. They discuss the progress of everybody in the class.

Do you have anything similar to a *délégué* de classe in your school?
C'est une bonne idée?

Travail en groupes

A Modèle d'un travail en groupes.
   A possible model for your group-work.

Chantal:	Tu aimes l'anglais Jean-Paul?
Jean-Paul:	Oui j'aime l'anglais. Je suis moyen et j'aime le prof. Et toi, Sylvie?
Sylvie:	Ah non, je n'aime pas l'anglais. À mon avis c'est ennuyeux. Pierre-Emmanuel?
Pierre-Emmanuel:	Moi, j'adore l'anglais. Nous avons un très bon prof. Elle est très sympa. Et toi, Chantal?
Chantal:	Moi aussi, j'aime beaucoup l'anglais. À mon avis, c'est facile.
Chantal:	Tu aimes les maths Jean-Paul?
Jean-Paul:	Non, je déteste. Je suis nul en maths. Et le prof est dur. Toi, Sylvie, tu aimes les maths?
Sylvie:	J'aime bien. Je suis forte en maths. Et toi, Pierre-Emmanuel?
Pierre-Emmanuel:	Je n'aime pas les maths. C'est ennuyeux. Je suis faible. Est-ce que tu aimes les maths, Chantal?
Chantal:	Oui, c'est ma matière préférée, j'aime beaucoup. C'est intéressant. Et c'est pas difficile, à mon avis.

J'adore +++
J'aime beaucoup ++
J'aime (bien) +
Je n'aime pas -
Je n'aime pas du tout - -
Je déteste - - -

Les matières	Jean-Paul	Sylvie	Pierre-Emmanuel	Chantal
l'anglais	+ moyen	- ennuyeux	+++ prof sympa	++ facile
les maths	- - - nul	+ forte	- ennuyeux	++ intéressant

B À vous maintenant.
   Do your own group work survey.

26 Le bulletin scolaire de Michel

1. What do you think of Michel's school report?
2. What subject is he best at?
3. Do you agree with the comment at the end of the report? *Pourquoi?*

Collège Jean Moulin
Rue Voltaire,
69130 Nancy.
Nom. Huart
Prénom. Michel
Class. 6ème B

2ème Trimestre
1983–84.

Disciplines	Notes sur 20	Appréciation par niveau A B C D E	Appréciation et recommandations des professeurs
Français M. Boucher	13	C	Bon élève
Mathématiques Mme Mouton	8	D	Paresseux
Langue vivante – anglais Mlle Lamour	7	E	Faible
Histoire, Géographie, Instruction civique M. Ledésert	5	E	Ne travaille pas. Ne fait pas attention
Sciences naturelles M. Pasteur	6	E	Elève peu sérieux
Dessin M. Dégas	11	C	Moyen.
Travaux manuels M. Dubois	15	B	Excellent
Éducation physique M. Grenier	16	B	Travail excellent

Ensemble, un élève très paresseux. Pourrait mieux faire.

LA DISCIPLINE

Les billets de retenue

Fais correspondre les dialogues avec les billets. À ton avis, est-ce que le professeur est juste ou injuste (*fair or unfair*)?

A

```
LYCEE-COLLEGE PRIVES
PRESENTATION DE NOTRE-DAME
B.P. 179 - 7,bd. Maréchal Foch
81103 CASTRES CEDEX

Madame La Directrice a le regret d'informer :
                                que : son fils François
M Abadie                        Classe : 5ème

devra subir une retenue le : Mercredi 8 février
de 14 heures à 16 heures
Motif : Retards répétés
                        Signature des Parents :
                                Abadie
```

B

```
LYCEE-COLLEGE PRIVES
PRESENTATION DE NOTRE-DAME
B.P. 179 - 7,bd. Maréchal Foch
81103 CASTRES CEDEX

Madame La Directrice a le regret d'informer :
                                que : sa fille Caroline
M Fabre                         Classe : 4ème

devra subir une retenue le : mercredi 11 mai
de 14 heures à 16 heures
Motif : Travaillait ses mathématiques pendant le
cours d'histoire et géographie
                        Signature des Parents :
                                M. Fabre
```

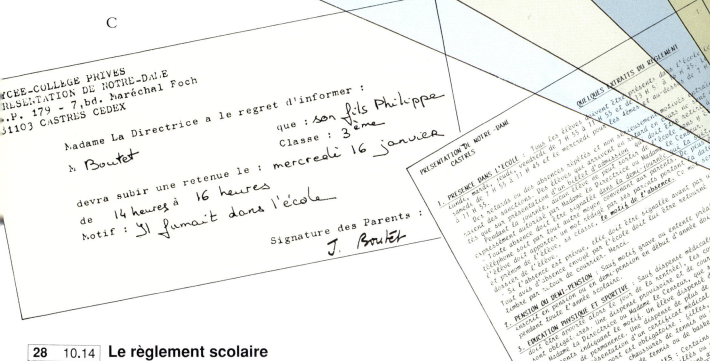

Le règlement scolaire

Des élèves français te parlent du règlement de leur école.

A Avant de lire/d'écouter, fais correspondre le français et l'anglais. (*This is not a word-for-word translation*).

1	Nous avons un règlement.	(a)	No running in the corridors.
2	Nous n'avons pas le droit de fumer.	(b)	No chewing-gum.
3	Il faut respecter les consignes.	(c)	No rudeness.
4	Il ne faut pas chahuter.	(d)	There are school rules.
5	Il faut bien écouter en cours.	(e)	You must listen carefully in class.
6	Nous devons faire nos devoirs.	(f)	Smoking is not allowed.
7	Il ne faut pas mâcher du chewing-gum.	(g)	Homework must be done.
8	Il ne faut pas courir dans les couloirs.	(h)	No messing.
9	Il ne faut pas être impoli.	(i)	You have to obey the rules.

B
- Are your school rules similar to these?
- How do the 'punishments' in these schools compare with yours?

Dans mon école en France, nous avons un règlement. Ce règlement, il est très strict. Nous n'avons pas le droit, ni de fumer, ni de manger du chewing-gum. Aussi en cours .. il faut bien écouter. Il ne faut pas chahuter. Si nous ne respectons pas ces consignes, nous avons ou des heures de retenue ou alors nous sommes renvoyés. C'est-à-dire qu'il faut trouver une autre école. Malgré ça, j'aime bien mon école.

Dans mon école nous n'avons pas le droit de fumer ni de mâcher du chewing-gum. Si nous sommes en retard, nous devons prendre un billet de retard. Nous n'avons pas non plus le droit de courir dans les couloirs. Si une de ces restrictions n'est pas respectée, nous pouvons être retenus ou bien exclus quelques jours. Malgré cela j'aime beaucoup mon école.

Moi aussi, j'aime bien mon école. Mais il faut tout de même respecter notre règlement. Nous devons faire nos devoirs, nous sommes obligés. Nous devons bien écouter nos professeurs. Nous ne devons pas fumer ni mâcher du chewing-gum. Il est interdit aussi d'être impoli. Sinon, si toutes ces restrictions ne sont pas respectées, nous sommes sanctionnés ... comme ... nous avons des retenues ou des renvois. Ou sinon ... nous avons aussi des punitions — faire des lignes en plus ...

LA CANTINE

29 10.15 À la cantine

En France les enfants mangent à la cantine.
Est-ce qu'il y a une cantine dans ton école?
Écoute les conversations à la cantine.
Quel jour est-on aujourd'hui?

Dans notre groupe nous vous expliquons comment nous avons fait ce petit projet. Marc, Florence et moi (Maxime), nous sommes forts en dessin!

Et vous? Nous attendons votre projet. C'est comme ça dans votre école?

If your class would like to correspond with a class in a school in France, your teacher may be able to organize this. Or you could contact

The Youth Exchange Bureau or Bureau d'Action Linguistique
10 Lower Hatch Street   Service Culturel
Dublin 2   1 Kildare Street
                              Dublin 2

Word Network
Can you find a way of organising the school subjects in your vocabulary notebook to help you remember them? In the workbook you will find part of what one learner did. Or would you prefer just to write them down and put one, two or three ♥ beside them? **À toi!**

Poème

Page d'écriture

Jacques Prévert

Deux et deux quatre
Quatre et quatre huit
Huit et huit font seize
Répétez dit le maître
Deux et deux quatre
Quatre et quatre huit
Huit et huit font seize

Mais voilà l'oiseau-lyre
Qui passe dans le ciel
L'enfant le voit
L'enfant l'entend
L'enfant l'appelle
Sauve-moi
Joue avec moi
oiseau.
Alors l'oiseau descend
et joue avec l'enfant
Deux et deux quatre
Répétez dit le maître
Et l'enfant joue
L'oiseau joue avec lui
Quatre et quatre huit
Huit et huit font seize
Et seize et seize qu'est-ce qu'ils font?
Ils ne font rien seize et seize
Et surtout pas trente-deux de toute façon
Et ils s'en vont
Et l'enfant a caché l'oiseau dans son pupitre
Et tous les enfants entendent sa chanson
Et tous les enfants entendent la musique
Et huit et huit à leur tour s'en vont
Et quatre et quatre et deux et deux à leur
tour fichent le camp
Et un et un ne font ni une ni deux
un à un s'en vont également
Et l'oiseau-lyre joue
Et l'enfant chante
Et le professeur crie
Quand vous aurez fini de faire le pitre
Et tous les autres enfants écoutent la musique
Et les murs de la classe s'écroulent tranquillement
Et les vitres redeviennent sable
L'encre redevient eau
Les pupitres redeviennent arbres
La craie redevient falaise
Le porte-plume redevient oiseau

RÉSUMÉ

See the language chart on page 145

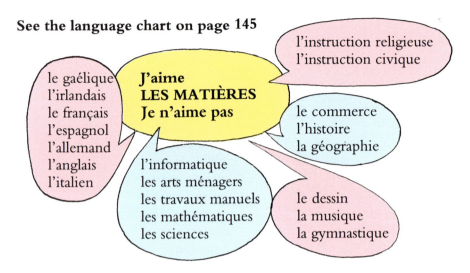

Fin**ir** (*to finish*)

D'habitude, Je fin**is** mes devoirs vers 8.00 heures du soir
Tu fin**is**
Il/elle/on fin**it**
Nous fin**issons**
Vous fin**issez**
Ils/elles fin**issent**

 Évalue tes progrès.

Unité 11

	Page	
• les animaux	170	names of animals
• dire que tu as/ n'as pas d'animal	172	saying you have/ haven't got a pet
• dire ce que ton animal aime manger	173	saying what your pet likes to eat
• la ferme	178	the farm

asking someone if he/she has a pet (page 172) Tu as un animal à la maison?

saying you have a dog/cat Oui, j'ai un chien.
Oui, j'ai un chat.

saying you haven't a pet Non, je n'ai pas d'animal.
Non, je n'en ai pas.

asking someone what his/her (dog) likes to eat (page 173) Qu'est-ce que (ton chien) aime manger?

saying what your pet likes/doesn't like to eat Mon chien adore la viande.
Mon chat aime le lait.
Mon lapin n'aime pas la laitue.

LES ANIMAUX

1 **À quel animal ressembles-tu?**

À quel animal ressembles-tu? Regarde les images. Choisis tes trois animaux préférés et regarde les commentaires. Tu aimes le chat, par exemple? Tu es indépendant, tu n'aimes pas la routine et tu adores le confort!
Amuse-toi bien! (Ne prends pas ce jeu au sérieux!)

Commentaires

1 Le chat
Il est très indépendant. Il n'aime pas la routine et il adore le confort!

2 Le chien
C'est un bon ami. Il aime la routine et les enfants.

3 Le perroquet
C'est un original. Il parle beaucoup et il aime les couleurs vives.

4 Le cheval
Il aime le travail. Il est intelligent et loyal.

5 La souris

Elle est petite et timide. Elle adore le fromage!

6 Le lapin

Le lapin est végétarien. Il adore les grandes familles!

7 Le dauphin

Il est intelligent et charmant. Il adore la natation!

8 L'éléphant

Il est gentil et logique. Il a une bonne mémoire.

Les animaux domestiques

- À ton avis quels sont les animaux les plus populaires en France? Donne un numéro de 1 à 4 par ordre d'importance.
  In your opinion which are the 4 most popular pets in France?

- Tu as deviné? Écoute et compare les réponses.

Ils ont un animal à la maison?

- What would you say if you were asked: *Tu as un animal?*
  Are you in the same situation as any of these people?

1
Chantal: Tu as un animal à la maison?
Christian: Oui, j'ai un chien.

2
Marie-Anne: Tu as un chat chez toi?
Patrick: Non, je n'en ai pas. Je suis allergique.
Marie-Anne: Dommage! Moi, j'en ai deux.

3
Hélène: Tu as un animal?
Jean: Non, j'avais un chien mais il est mort.

4
Céline: Tu as un animal?
Maxime: Non.
Céline: Tu aimerais avoir un animal?
Maxime: Oui j'aimerais avoir un lapin mais mes parents n'aiment pas les animaux à la maison.
Céline: Ah bon.

- Pose des questions à ton voisin/ta voisine. Est-ce qu'il/elle a un animal à la maison?

Trouve le nom des animaux cachés.

Exemple: un lapin.

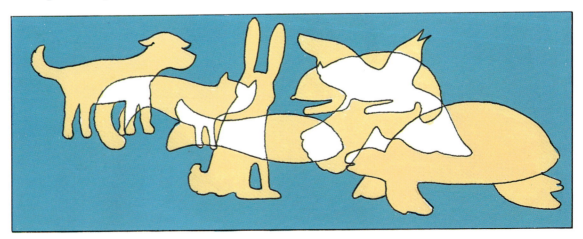

5. Joue et écris les dialogues.

6. Sondage

Dans ton groupe qui a un animal à la maison?

* Seán, tu as un animal à la maison?
* Oui, j'ai un chien. Et toi, Siobhán?
△ ...

7. Rapport

Regarde la grille et écris un rapport sur le modèle de Clarisse.

Prénoms	Animal	Nom	Âge	Couleur	Caractère
Clarisse	un hamster	Pin-pin	1	blanc/noir	adorable
Damien	un chien	Max	2	gris	gentil
Élodie	un lapin	Jano	1	gris/noir	doux
Nicolas	un chat	Minou	5	tigré	mignon

Clarisse a un hamster qui s'appelle Pin-pin. Il a un an et il est blanc et noir. Il est adorable.

8. Qu'est-ce que ton animal aime manger?

Pose des questions à ton voisin/ta voisine. Puis fais 5 phrases.

mon chien, mon hamster, mon chat, mon lapin, mon canari, ma souris blanche, mon poisson rouge, ma perruche, ma tortue

n'aime pas / adore

la laitue (lettuce), les graines (f) (seeds), le fromage, l'herbe (f) (grass), le lait, les os (m) (bones), la viande, la daphnie (fish food), le pain

Ils décrivent leurs animaux.

1
- ✱ Tu as un animal chez toi?
- ★ Oui, j'ai un chien. Il s'appelle Café. Il est de couleur abricot. Il a deux ans. Il est très attachant, joueur mais souvent grognon.

Carte d'identité

Nom: un chien, Café
Âge: 2 ans
Couleur: abricot
Caractère: attachant, joueur, grognon.

Remplis la carte d'identité pour le deuxième dialogue dans le cahier d'exercices. Puis remplis la carte d'identité de ton animal (si tu en as un).

Petites annonces

Lis les petites annonces, puis écoute les 3 conversations au téléphone.
Which three of these advertisements correspond to the three conversations on tape?

a - À vendre **chiots colley,** 2 mois et 1 sem., vaccinés 600f. couleur sable. M. Kernin, Kerhet, 56890 Caudin, tél 97.05.63.50. (après 19h).

b - Vends **chienne berger allemand,** pure race, 8 mois. Prix intéressant. S'adr. Le Bihan, Garde La Forêt, Quimperlé

c - À vendre **jeunes teckels.** Tél. 98.96.38.74.

d - Voulez-vous adopter? Un **setter irlandais,** 1 an, tatoué, vacciné, aimant les enfants. S'adr. Mme Constant. Tél. 98.32.00.61. Heures des repas

e - Vends **aquarium** tout équipé. Prix raisonnable. Tél. 98.60.54.03.

11 LES VERBES EN 'RE'

You have already seen **'ER'** verbs (*Unité* 5) and a verb in **'IR'** (*finir-Unité* 10).
The infinitive of some verbs ends in **RE** and these have different endings.

12 **Trouve les mots manquants:**

(a) ✸ Tiens, Élodie, tu ★★★ ton vélo BMX?
 ★ Oui, malheureusement.
 ✸ Oh, pourquoi?
 ★ Parce que j'ai besoin d'argent. Je veux ★★★ un aquarium.
 ✸ Ah, super! Moi aussi, j'adore les ★★★.

(b) ✸ Salut Laurence! Ça va?
 ★ Ça va. Et toi?
 ✸ Oh, comme-ci, comme-ça.
 ★ Qu'est-ce qu'il y a?
 ✸ Je ★★★ mon berger allemand. C'est triste non?
 ★ Tu ★★★ Sam! Mais pourquoi?
 ✸ Parce que mes parents disent qu'il est trop grand. Ils vont m'acheter un ★★★ chien.

À vendre
Vélo BMX
500F
Tél 75.05.82.12

Vends **berger allemand**,
2 ans, vacciné, tatoué
Prix 700F
Tél 75.45.37.29 (HR)

Petite annonce
Choisis un de ces objets ou animaux et écris une petite annonce sur le modèle des annonces dans l'exercice 10.

 Des jeunes français parlent de leurs animaux.

 Un vétérinaire vous parle.
Avant d'écouter un vétérinaire te parler des soins et de la nourriture des chiens

- classe les mots sous les rubriques de <u>nourriture</u>, <u>exercice</u>, <u>soin physique</u>
- répond au vrai ou faux. Puis écoute la cassette. Tu avais raison?

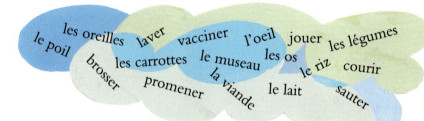

Les chiens mangent de la viande et des légumes.
Il faut donner du sucre à ton chien.
Ton chien doit courir, sauter, jouer, se promener.
Il faut vacciner les chiens.

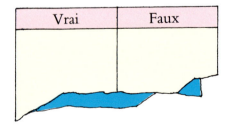

Vrai	Faux

- Did you learn anything new about how to care for dogs?

16 11.7 Le chat n'aime pas voyager.
What do you make of this?

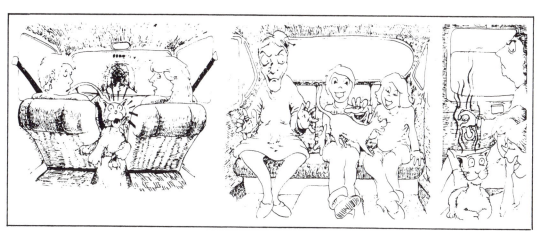

17 World Wildlife Fund (WWF)

1. Which animals do you think are in greatest danger of disappearing?
2. Do you know why people kill elephants?
3. WWF has a boat. What animal do you think it looks after?
4. What happens in the WWF workcamps each summer?

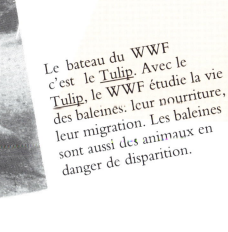

La nature est en danger. Il y a de moins en moins de forêts et de plus en plus de déserts. Des espèces animales disparaissent (80 depuis 1900) et 3,200 espèces d'animaux sont en danger de disparition. En 1961, une association est née: World Wildlife Fund ou WWF. Sa mission? Sauver la nature.

On tue 100,000 éléphants chaque année (quinze éléphants par heure). On tue ces éléphants pour leurs défenses en ivoire. Avec l'ivoire, on fait des bijoux et des sculptures. En 1989, le WWF crée une campagne pour sauver les éléphants. Le message: 'N'achetez plus d'ivoire'.

Le bateau du WWF c'est le Tulip. Avec le Tulip, le WWF étudie la vie des baleines: leur nourriture, leur migration. Les baleines sont aussi des animaux en danger de disparition.

Chaque été, le WWF organise des camps de découverte de la nature. Il y a des camps à pied et des camps à vélo. Il y a beaucoup d'activités: observation des animaux, des plantes, des étoiles, expériences avec l'énergie solaire, la météorologie... Pour plus d'information, écris à: Panda Club WWF, 14 chemin de Poussy, 1214 Vernier-Genève, Suisse.

LA FERME

18 **Fais correspondre les animaux et leur habitat.**

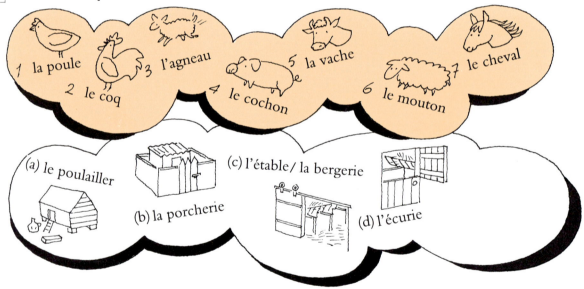

19 11.8 Aiment-ils habiter dans une ferme?
Which animals are found on both of these farms?

A ✶ Tu as un animal chez toi?
★ Ah oui, j'habite dans une ferme.
✶ Ah bon! Tu aimes ça?
★ Oui, c'est formidable. J'ai des chiens, des chats, des vaches, des moutons, des cochons, des poules et des lapins.
✶ Super!

B
- ✸ Tu as un animal à la maison?
- ★ Ah ben, ça oui! J'ai des animaux. Mon père est agriculteur.
- ✸ Et quels animaux as-tu dans ta ferme?
- ★ J'ai des vaches, des moutons et des chevaux.
- ✸ Tu dois aimer les animaux?
- ★ Les animaux, j'adore!

20 La lettre de Damien

Imagine que tu es Sébastien, réponds à l'invitation de Damien.

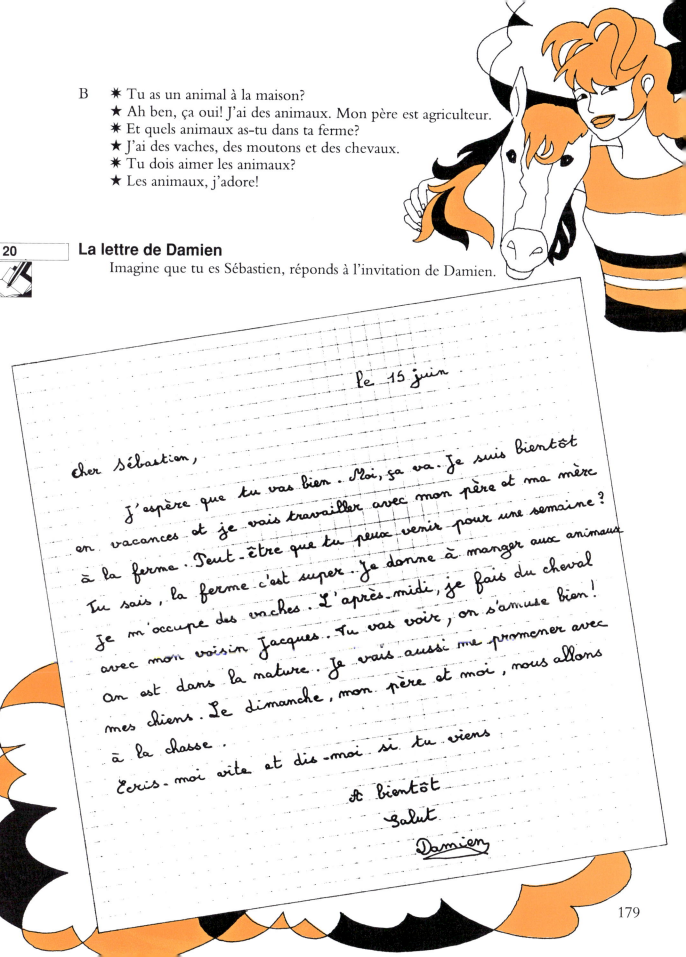

Le 15 juin

Cher Sébastien,

J'espère que tu vas bien. Moi, ça va. Je suis bientôt en vacances et je vais travailler avec mon père et ma mère à la ferme. Peut-être que tu peux venir pour une semaine? Tu sais, la ferme c'est super. Je donne à manger aux animaux. Je m'occupe des vaches. L'après-midi, je fais du cheval avec mon voisin Jacques. Tu vas voir, on s'amuse bien! On est dans la nature. Je vais aussi me promener avec mes chiens. Le dimanche, mon père et moi, nous allons à la chasse.

Écris-moi vite et dis-moi si tu viens

À bientôt
Salut.
Damien

Voici quelques indications pour t'aider:

- *Soon on holidays* — Moi aussi, je ...
- *Would love to come* — Je voudrais bien venir
- *Loves the farm* — J'...
- *Likes looking after animals* — J'aime m'occuper ...
- *Loves horse riding* — J'...
- *It's great!* — C'...
- *Asks if he can go shooting with them* — Je peux aller ...

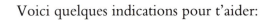

21 **Alouette**

Alouette, gentille alouette
Alouette, je te plumerai.

Je te plumerai la tête
Je te plumerai la tête
Et la tête et la tête
Alouette, alouette
Ah!

Alouette, gentille alouette
Alouette, je te plumerai.

Je te plumerai le bec
Je te plumerai le bec
Et le bec et le bec
Et la tête et la tête
Alouette, alouette
Ah!

Alouette, gentille alouette
Alouette, je te plumerai.

Je te plumerai les yeux
Je te plumerai les yeux
Et les yeux et les yeux
Et le bec et le bec
Et la tête et la tête
Alouette, alouette
Ah!

les ailes, les pattes, la queue

RÉSUMÉ

See the language chart on p 169.

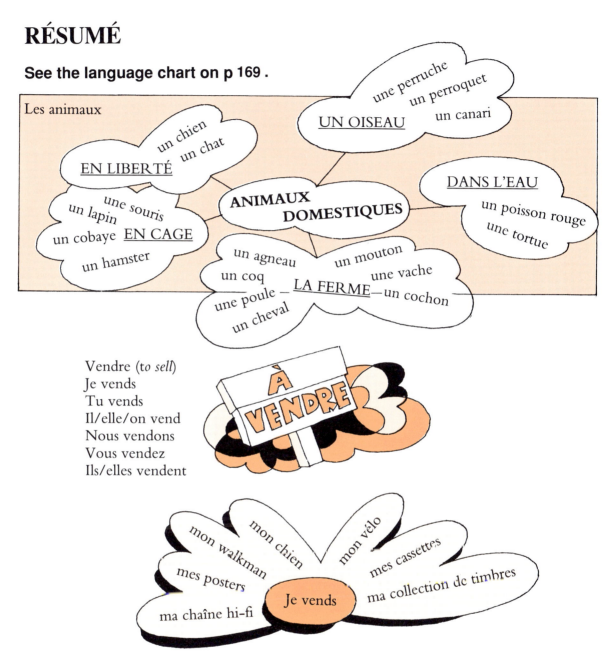

Vendre (*to sell*)
Je vends
Tu vends
Il/elle/on vend
Nous vendons
Vous vendez
Ils/elles vendent

Évalue tes progrès.

Unité 12

- le week-end dernier   Page 185   last weekend

Talking about last weekend (page 189)

Qu'est-ce que tu as fait le week-end dernier?

J'ai rencontré mes ami(e)s
J'ai fait mes devoirs
J'ai fait la grasse matinée
J'ai joué au tennis
Je suis allé(e) au cinéma

Saying what was on (page 191)

Qu'est-ce qu'il y avait à (Dublin) le week-end dernier?

Il y avait un film d'horreur au Carlton

Saying what something was like (page 191)

Le film était comment?

C'était très bien
C'était assez bien
C'était pas mal
C'était moyen
C'était pas terrible *(not great)*

La lettre de Jean-Claude

Qu'est-ce qu'il aime faire pendant le week-end?

Voici Jean-Claude Paulmier. Il habite à Cherbourg. Il a quatorze ans. Il est en quatrième au collège. Presque tous les samedis après-midi il rencontre ses copains et ses copines en ville. Ils aiment aller dans les cafés. Ils jouent au flipper et au babyfoot. Le samedi soir il va au cinéma ou quelquefois il regarde une vidéo chez un copain.

Voici ce que Jean-Claude a écrit à propos du week-end dernier.

Lyon, le 13 mai

Cher Tom,

J'espère que tu vas bien. Moi, ça peut aller. C'est déjà lundi et comme tu le sais, je déteste le lundi. Mais le week-end bien sûr, j'adore. Samedi, j'ai pris l'autobus pour aller en ville comme d'habitude. J'ai vu Paul et Éric au café de l'Europe et nous avons joué au flipper et au babyfoot. Puis nous avons rencontré Sandrine et Odile (deux copines) sur la grande place et nous avons participé à une manifestation contre la pollution. Nous avons chanté et crié. C'était extra! La manif a fini vers 6 h 30 et après nous avons mangé des hamburgers et des frites, au Mac Do, bien sûr. Après, j'ai regardé une vidéo (un film d'horreur) chez Éric. Sympa comme samedi, non ?

Et toi, raconte-moi ton week-end.

À bientôt
Amitiés
Jean-Claude

LE PASSÉ COMPOSÉ
Talking about the past

Jean-Claude a écrit à son correspondant à propos de ce qu'il a fait le week-end dernier.

He describes how he spent **last** Saturday.
Look at the verbs underlined in the letter Jean-Claude wrote. What do you notice?

You have already used this tense in class.

RAPPEL	J'ai oublié mon livre
	Je n'ai pas fait mes devoirs
	Monsieur, nous avons fini!

(a) Relis la lettre et recopie tous les exemples du *'passé composé'* dans ton cahier.
It is called the *'passé composé'* because it is composed *(composé)* of two elements. What are they?

There are three verbs in the *'passé composé'* of the last paragraph of Jean-Claude's letter. Can you find them?

(b) Tu as trouvé?
Did you notice that the *passé composé* of these verbs is formed by using the present tense of **'avoir'** plus the **past participle** of the verb?

	Avoir	*Past Participle*
écouter	J'ai	écouté
finir	Nous avons	fini
vendre	Tu as	vendu

Note: Some verbs use *être (je suis, tu es ...)* instead of *avoir*. See exercise 8, p.187.

(c) Look at the picture. It will help you work out how the *passé composé* is formed for the three 'families' of verbs. The *résumé* will also help you.

Some verbs are irregular and have to be learned by heart.
Exemple:
Verb   Past Participle

faire *(to do)*	fait	J'ai fait mes devoirs.
avoir *(to have)*	eu	J'ai eu un accident.
prendre *(to take)*	pris	J'ai pris l'autobus.
voir *(to see)*	vu	J'ai vu un bon film samedi dernier.
lire *(to read)*	lu	J'ai lu un bon livre.
boire *(to drink)*	bu	J'ai bu un orangina.

Le week-end de Sylvain et Clémence

Fais correspondre les questions et les réponses

Remplis les blancs.

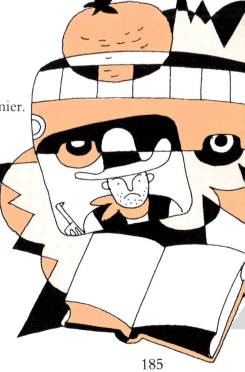

6 NE ... PAS

To say that you did **not** do something.

subject	ne (n')	avoir	pas	past participle	
Je	n'	ai	pas	fait	mes devoirs
Je	n'	ai	pas	vu	le dernier film de Madonna
Je	n'	ai	pas	joué	au basket

7 **Fais des phrases.**

A

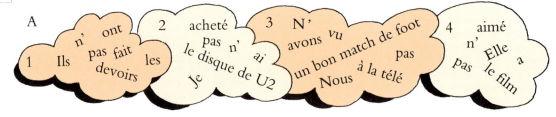

1. Ils n' ont pas fait les devoirs
2. acheté pas n' ai le disque de U2 Je
3. N' avons vu un bon match de foot pas Nous à la télé
4. aimé n' Elle a pas le film

B

| Je / Vous / Tu / Il | n' | ai / as / a / avez | pas | rangé / fini / pris / mangé / joué / vendu / écouté | au foot / les disques / le bus / la chambre / les devoirs / des frites |

8 12.3 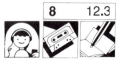 **La lettre de Catherine**

Et voilà Catherine Abévin. Elle habite à Brest en Bretagne. Elle a treize ans et demi et elle est en quatrième. Elle adore la musique et la danse. Le samedi matin elle va à un cours de musique. L'après-midi elle va aux répétitions du club de théâtre à la maison des jeunes. Le samedi soir elle va souvent en discothèque ou elle va chez une copine pour écouter des disques.

Nantes, le 14 juin

Chère Géraldine,

Bonjour. Ça va ? Merci de ta lettre. Je suis contente de savoir que tout va bien chez toi. Moi, ça va très bien aussi. J'ai eu une surprise samedi dernier. Je suis allée à mon cours de guitare comme d'habitude, mais j'avais un nouveau professeur. Il est très gentil. Après le cours, j'ai rencontré ma copine Sophie et nous sommes allées à la bibliothèque. Nous avons emprunté des cassettes de John Williams. Nous avons mangé un sandwich en ville et après je suis allée répéter avec le groupe folklorique. Nous avons répété des chansons pour le concert de la maison des jeunes. Après tout ça, j'étais très fatiguée et je suis rentrée à la maison. Je n'ai plus de nouvelles. C'est à toi de m'écrire.

Je t'embrasse.
Catherine.

This time try to find the verbs and write them down in your copybook. Did you notice that some verbs were different, i.e. instead of using **avoir** (*J'ai ...*), Catherine uses **être** *(Je suis ...)*?

être +	*past participle*
Je suis	allée
Nous sommes	allées
Je suis	rentrée

What do you notice about the past participle?
You may already know some verbs which use *être*.

Exemple

Verb	Past Participle	
aller *(to go)*	allé	Je suis allé(e) au cinéma.
arriver *(to arrive)*	arrivé	Je suis arrivé(e) à la gare.
rentrer *(to come back)*	rentré	Je suis rentré(e) à la maison.
naître *(to be born)*	né	Je suis né(e) en 1979.
sortir *(to go out)*	sorti	Je suis sorti(e) avec mes amis.

When you write out these verbs in full, the past participle is like an adjective.

You add **e** when the subject is feminine singular: **elle**
es when the subject is feminine plural: **elles**
s when the subject is masculine plural: **ils**

However, this doesn't change the pronunciation so you don't need to worry about it when you're speaking.

Aller

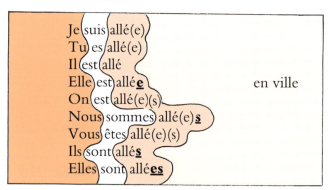

Je suis allé(e)
Tu es allé(e)
Il est allé
Elle est allé**e**   en ville
On est allé(e)(s)
Nous sommes allé(e)**s**
Vous êtes allé(e)(s)
Ils sont allé**s**
Elles sont allé**es**

Arriver

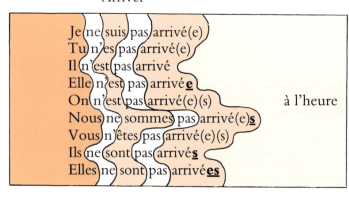

Je ne suis pas arrivé(e)
Tu n'es pas arrivé(e)
Il n'est pas arrivé
Elle n'est pas arrivé**e**   à l'heure
On n'est pas arrivé(e)(s)
Nous ne sommes pas arrivé(e)**s**
Vous n'êtes pas arrivé(e)(s)
Ils ne sont pas arrivé**s**
Elles ne sont pas arrivé**es**

Some verbs that take *être* in the *passé composé*

Verb	Past Participle	Verb	Past Participle
aller *(to go)*	allé	venir *(to come)*	venu
arriver *(to come)*	arrivé	partir *(to leave)*	parti
entrer *(to go in)*	entré	sortir *(to go out)*	sorti
rentrer *(to go home)*	rentré		

Tu as remarqué?
Did you notice that these are mainly verbs of 'motion' and it may be helpful to remember them as pairs of opposites e.g. *allé – venu*.

9 **Qu'est-ce qu'ils ont fait pendant le week-end?**
Écoute et remplis la grille.

10 **Remplis les blancs.**

11 **Éric raconte à Patricia ce qu'il a fait hier.**
Number the places he went to in the correct order (1-5) in the circles on the map.

12 **Et toi? Qu'est-ce que tu as fait pendant le week-end?**
Pose des questions à ton voisin/ta voisine.

Vendredi matin
Samedi après-midi
Dimanche soir

j'ai regardé...
j'ai fait...
j'ai joué...
j'ai mangé...
j'ai lu...
j'ai vu...
j'ai pris...
je suis allé(e)...

Et toi?

13 Écris une lettre à ton/ta correspondant(e).

Raconte-lui ce que tu as fait le week-end dernier. Dis-lui si:

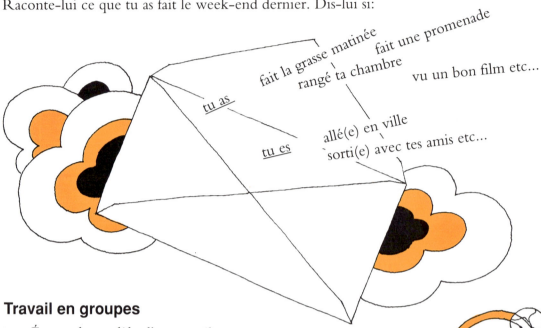

tu as fait la grasse matinée
       fait une promenade
       rangé ta chambre
       vu un bon film etc...

tu es allé(e) en ville
       sorti(e) avec tes amis etc...

14 12.6 Travail en groupes

● Écoute le modèle d'un travail en groupes.

Sylvie	Tu as fait du sport pendant le week-end?
Philippe	Oui, j'ai joué au tennis.
Sylvie	C'était bien?
Philippe	Oui, c'était bien. Tu as lu un bon livre, Nadine?
Nadine	Non, je n'ai pas lu un bon livre. Est-ce que tu es allé au cinéma, Sébastien?
Sébastien	Oui, je suis allé au cinéma vendredi soir. J'ai vu un film policier.
Nadine	C'était bien?
Sébastien	C'était super. Et toi, Sylvie, tu es sortie avec tes ami(e)s?
Sylvie	Oui, je suis sortie avec mes amies samedi après-midi. Nous sommes allées en ville. C'était très bien.

● À vous maintenant. Remplis la grille.

● Écris un petit rapport.

Dans mon groupe, deux élèves ont fait du sport pendant le week-end. Tout le monde a fait ses devoirs...

15 **Le mois dernier**
Remplis la grille.

16 **Qu'est-ce qu'ils ont fait pendant les grandes vacances?**

17 **Il y avait.../C'était...**

Qu'est-ce qu'il y avait à Fresnes ce week-end?

Regarde les posters et parle avec ton voisin/ta voisine.

Exemple:
- Qu'est-ce qu'il y avait à Fresnes ce week-end?
- C'était où?
- C'était quand?
- Tu aimes ça?

TENNIS COUVERT
Tournoi annuel des habitants de Fresnes
Stade municipal
vendredi, 19 avril
20h.30

BOXE
Rocky Godot contre Max Jarret
Stade Pierre Coubertin
samedi, 20 avril
20h.30.

JUDO
Jeunesse de Fresnes
Salle omnisports
dimanche 21 avril
15h.00.

FOOTBALL
Cadets
Fresnes contre *Créteil*
3.30 samedi 20 avril.
Sporting Club de Fresnes

Bernard Lavaud et le Big Bazaar
Maison pour Tous
samedi, 20 avril
20h.30.

RÉSUMÉ

See the language chart on page 182.

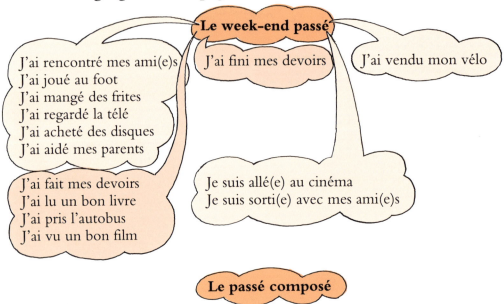

Le week-end passé

J'ai rencontré mes ami(e)s
J'ai joué au foot
J'ai mangé des frites
J'ai regardé la télé
J'ai acheté des disques
J'ai aidé mes parents

J'ai fini mes devoirs

J'ai vendu mon vélo

J'ai fait mes devoirs
J'ai lu un bon livre
J'ai pris l'autobus
J'ai vu un bon film

Je suis allé(e) au cinéma
Je suis sorti(e) avec mes ami(e)s

Le passé composé

The *passé composé* (past tense) is used to talk or write about what you did or what happened in the past. It is formed using the present tense of *avoir* or *être* and the past participle.

Type of verb	Infinitive	Past Participle
'ER'	regarder	regardé
'IR'	finir	fini
'RE'	vendre	vendu

ER regarder **IR** finir **RE** vendre

J'ai regardé	J'ai fini	J'ai vendu
Tu as regardé	Tu as fini	Tu as vendu
Il/elle/on a regardé	Il/elle/on a fini	Il/elle/on a vendu
Nous avons regardé	Nous avons fini	Nous avons vendu
Vous avez regardé	Vous avez fini	Vous avez vendu
Ils/elles ont regardé	Ils/elles ont fini	Ils/elles ont vendu

Je **n'**ai **pas** regardé   Je **n'**ai **pas** fini   Je **n'**ai **pas** vendu

Some verbs are formed using the present tense of *être* and the past participle. In these cases the past participle is like an adjective and agrees with the subject, *(Elle, Ils/Elles)*.

Verb	Past participle	
aller *(to go)*	allé	Il est allé/Elle est allé**e**
arriver *(to arrive)*	arrivé	
rentrer *(to come home)*	rentré	Ils sont rentré**s**/Elles sont rentré**es**
sortir *(to go out)*	sorti	
naître *(to be born)*	né	

Aller

Je suis allé(e)
Tu es allé(e)
Il est allé
Elle est allé**e**
On est allé(e)(s)
Nous sommes allé(e)**s**
Vous êtes allé(e)(s)
Ils sont allé**s**
Elles sont allé**es**

Je **ne** suis **pas** allé(e)

Évalue tes progrès.

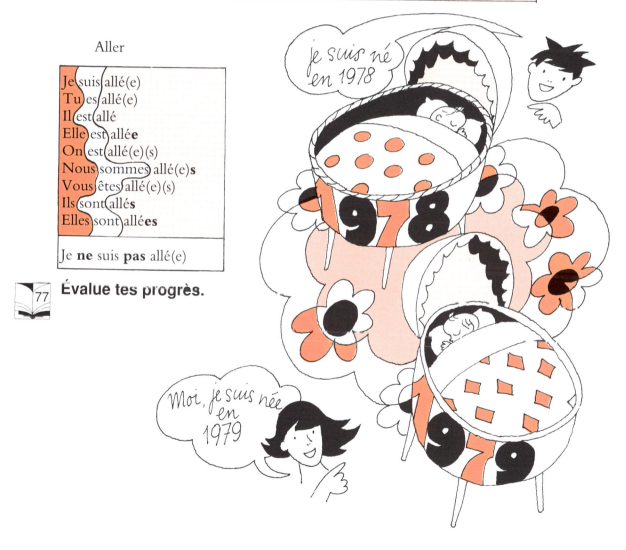

JOYEUX NOËL ET BONNE ANNÉE

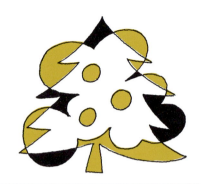

1 Noël

Here is how Christmas is celebrated in Sweden and Chili. Read through the first text to get a general idea of what Gunilla says about her country. Here are some reading tips.

Gunilla

(a) *Pick out the words that look like English words*

| Europe | texte | danse |
| importantes | Bible | spécial |

(b) *Pick out the words you know*

Je m'appelle	quatre	matin
J'habite	semaines	aller
noir	nouvelle	fenêtres
journée	soir	rues
très	maison	fête

(c) *Try to guess some words*

| Suède | Noël | église |

(d) *You can probably understand a good part of the story now, but you may want to look up a few words, such as*

| époque | bougie | gâteau |
| lumières | sapin | éclairent (éclairer) |

Je m'appelle Gunilla
J'habite en Suède
(Europe)

Chez nous à l'époque de Noël, il fait noir toute la journée. Alors les lumières sont très importantes. Quatre semaines avant Noël, on allume chaque dimanche une nouvelle bougie.

Le soir du 24 décembre, à la maison, on lit un texte de la Bible, on chante, on danse autour du sapin, on mange un gâteau spécial de Noël. `

Le matin du 25, on se lève très tôt pour aller à l'église. Des bougies aux fenêtres éclairent les rues. Toute l'église est éclairée. Noël, pour nous, c'est la fête des lumières.

Paco

Et maintenant, à toi.

(a) *Pick out the words that look like English words.*

(b) *Pick out the words you know.*

(c) *Try to guess some words.*

(d) *Are there any words you still need to look up?*

Je m'appelle Paco
J'habite au Chili
(Amérique du Sud)

Noël est chez nous juste à la fin des classes, comme si, chez toi, Noël c'était le 25 juin! Il fait très chaud et nous allons souvent nous baigner.

Au Chili, avant toutes les grandes fêtes, il y a une "neuvaine", c'est-à-dire neuf jours pour se préparer. Pour Noël, c'est la "neuvaine de l'enfant Jésus". Chaque jour, les gens du quartier se réunissent pour dire ou inventer des histoires, des poésies, des chansons sur Jésus qui arrive.

Le soir du 24 décembre, on se retrouve dans l'église pour la messe. Noël est chez nous une moins grande fête qu'en France.

2 Chanson de Noël

Try this Christmas song to the tune of Jingle Bells.

Vive le vent

Vive le vent, vive le vent, vive le vent d'hiver.
Qui s'en va tourbillonnant dans les grands sapins verts.
Oh vive le vent, vive le vent, vive le vent d'hiver.
Joyeux Noël grand-père et bonne année grand-mère.

3 Cartes de voeux

Sur ce modèle écris des cartes de voeux à ton correspondant ou ta correspondante.

Chère Caroline

J'espère que tu vas passer un joyeux Noël et je te souhaite une bonne année

Catherine

Cher Paul

Je te souhaite un joyeux Noël et une bonne année

Marie-Hélène

JOYEUX NOËL
BONNE ANNÉE

Joyeux Noël

Meilleurs Voeux

Cher Laurent

Joyeux Noël et bonne année à toi et ta famille

Gilles

Laurent Bourges
15 rue L. Blériot
33 St Médard
en Jalles

| 4 | **Noël en noir et blanc**

Photographie, photocopie, photocopie de photographie...
Voici une idée pour Noël, une idée avec une photographie et des
photocopies: une carte de voeux très originale!

1. Prends une photographie de toi en noir et blanc.

2. Fais une photocopie de ta photo.

3. Coupe la photocopie horizontalement, sur la bouche.

4. Colle les deux parties sur un papier blanc; laisse un espace de 1,5 centimètre entre les deux parties.

5. Complète la bouche et le visage avec un stylo noir.

6. Dans l'espace, écris BONNE ANNÉE ou JOYEUX NOËl!

7. Plie le papier. Envoie cette carte de voeux à ta famille ou à tes amis. Quelle surprise!

| 5 | **Le jour de Noël**

Regarde le dessin et trouve les différences entre un Noël français et un Noël irlandais.

196

6   **Les cadeaux de Noël**

Pose des questions à ton voisin/ta voisine.

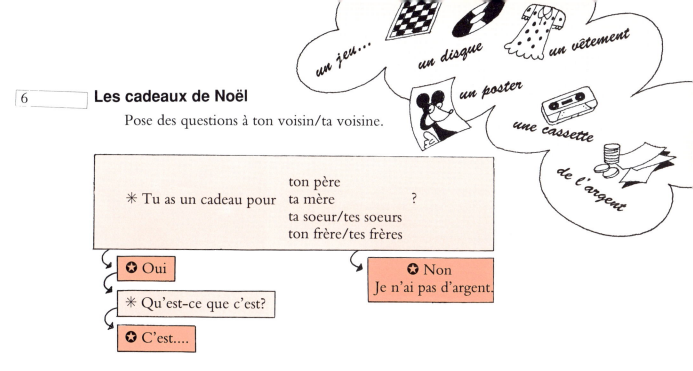

* Tu as un cadeau pour ton père / ta mère / ta soeur/tes soeurs / ton frère/tes frères ?

○ Oui

* Qu'est-ce que c'est?

○ C'est....

○ Non
Je n'ai pas d'argent.

7   **Fais la liste de ce que tu voudrais pour Noël.**

Pour Noël je voudrais........

BONNE ANNÉE

8   **Comment se sont passées tes vacances de Noël?**

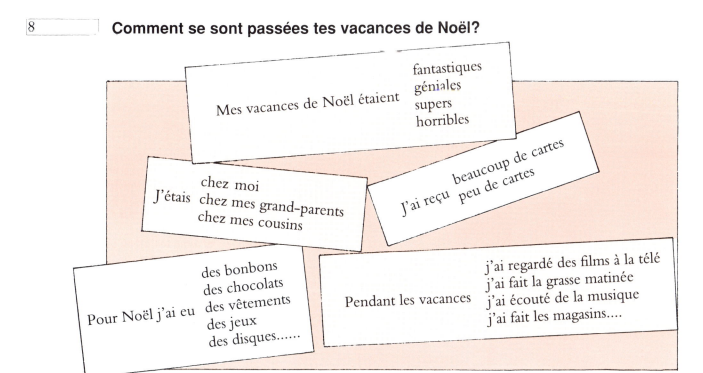

Mes vacances de Noël étaient fantastiques / géniales / supers / horribles

J'étais chez moi / chez mes grand-parents / chez mes cousins

J'ai reçu beaucoup de cartes / peu de cartes

Pour Noël j'ai eu des bonbons / des chocolats / des vêtements / des jeux / des disques......

Pendant les vacances j'ai regardé des films à la télé / j'ai fait la grasse matinée / j'ai écouté de la musique / j'ai fait les magasins....

Les jeunes et le temps libre.

Les loisirs les plus populaires en France sont la télévision, la lecture, le cinéma, le sport, la musique, la danse et les sorties avec les copains.

En France, les jeunes sortent beaucoup plus que les adultes. Ils vont au cinéma, dans les cafés, ils assistent à des concerts, ils vont en discothèque ou organisent des surprises-parties.

Les jeunes regardent la télévision, mais moins que les adultes. Ils regardent surtout les films et les émissions musicales. Ils lisent aussi beaucoup plus que les adultes. Leur lecture préférée? Les bandes dessinées, les livres de science-fiction, les romans policiers. Ils lisent très peu les journaux quotidiens.

Les jeunes français disent qu'ils ne peuvent pas vivre sans musique. Mais quelle musique? Le rock, surtout et de loin. Après le rock, ils aiment les chansons, la musique reggae et latino-américaine et un peu le classique. Ils n'aiment pas beaucoup le jazz. Près de 70 pour cent des jeunes de 15-19 ans possèdent un instrument de musique. 60 pour cent des 15-24 ans ont une chaîne hi-fi chez eux.

Le cinéma est aussi populaire parmi les jeunes français. 55 pour cent des 15-24 ans vont au cinéma au moins une fois par mois. Ils aiment surtout les films comiques, suivis des films d'aventures, de science-fiction, des films policiers et d'espionnage, et des films qui font peur.

"Qu'aimez-vous faire quand vous ne travaillez pas?" *C'est la question posée aux jeunes par l'institut de sondage d'opinion S.O.F.R.E.S. Voici ce que les jeunes ont répondu:*

Aller au cinéma	*49%*
Voir les copains	*46%*
Écouter de la musique	*44%*
Pratiquer un sport	*42%*
Voir le/la petit(e) ami(e)	*28%*
Regarder la télévision	*24%*
Aller danser	*20%*
Faire les boutiques	*17%*

LA PYRAMIDE DU LOUVRE

Le Louvre est le musée le plus célèbre de Paris. Le Louvre a aujourd'hui une nouvelle entrée: une très grande pyramide de verre! Son créateur, c'est l'architecte Ieoh Ming Pei. Il a soixante-dix ans et il habite à Boston, aux États-Unis.

Ieoh Ming Pei aime les idées originales! En 1982, son idée de pyramide est un scandale. Aujourd'hui, c'est différent. Beaucoup de gens aiment bien la pyramide.

La pyramide fait vingt-deux mètres de haut. Elle est en acier et en verre; il y a six cents losanges de verre! Qui lave la pyramide? Des alpinistes professionnels!

CHEZ NOUS, EN IRLANDE...

On nous appelle – le pays vert – car les prés et les landes s'étendent à perte de vue.

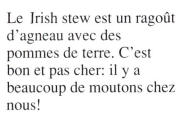

Le Irish stew est un ragoût d'agneau avec des pommes de terre. C'est bon et pas cher: il y a beaucoup de moutons chez nous!

Il y a plein de pubs, des cafés où l'on se réunit pour boire, chanter, discuter, jouer aux fléchettes ...

Ah, nos chansons! Elles racontent des histoires de héros, de révolte, d'espoir. On les chante dans les pubs et parfois on en invente!

CHEZ NOUS, EN FRANCE...

Ah, la tour Eiffel! C'est l'un des monuments les plus visités en Europe.

Nous avons 3 spécialités: la baguette, le champagne et le camembert.

Une ou deux fois par semaine, de grands marchés s'installent dans les rues, et chacun peut acheter viandes, légumes, poissons...

On est le premier pays d'Europe pour... les vacances: on ne va à l'école que 163 jours par an!

Un des sports les plus populaires est le jeu de boules!

Le matin, je me lève vers 7h 45. Je prends mon petit déjeuner très tranquillement, puis je vais faire un brin de toilette, et enfin je m'habille. Je pars à l'école vers 8h 15. Je rentre à 12h 30 pour manger, pour repartir vers 13h 15.

Question sports, je fais de la gymnastique le mercredi à 18h 30 et le samedi je vais au judo avec mes copains Alexis et Louis.

Mon passe-temps préféré c'est la musique. Je joue du synthétiseur. J'adore aussi les modèles radiocommandés. Ma plus grande passion, c'est l'espace: mon plus grand rêve, c'est de le 'visiter'. Je collectionne beaucoup de choses, les badges mais aussi les minéraux; j'en ai de splendides.

Sur ce, au revoir!
Alexandre

À Waziers, près de Lille, il y a une radio locale pas comme les autres. Elle est animée par des jeunes, élèves au collège Romain-Rolland!

Radio C offre des émissions variées, écoutées non seulement dans le collège, mais dans toute la région. Certaines émissions sont préparées en classe, avec l'aide des professeurs. Par exemple, en classe de français, on rédige des critiques de films et des revues de presse. Les élèves du cours d'anglais font des émissions en anglais ou sur la culture britannique, très pratiques pour les révisions! D'autres font des reportages sur la vie et l'histoire locales, ils organisent des débats sur les thèmes qui les passionnent, comme le racisme, la publicité, les voyages. Il y a aussi des programmes musicaux, avec les derniers tubes du hit-parade, des flashs d'information, des interviews, des émissions sportives, etc.

Les animateurs de Radio C ont une idée fantastique pour 1992, année de l'unification de l'Europe. Ils aimeraient entrer en contact avec des jeunes d'autres pays d'Europe pour préparer ensemble une émission, "Le Village Européen". Les jeunes européens pourraient ainsi apprendre à mieux se connaître!

Y a-t-il une radio dans ton école? Le projet des jeunes de Radio-Collège t'intéresse-t-il? Alors, contacte-les à Radio C, B.P.13 59119 Waziers, France.

LE PARFUM

L'industrie du parfum est une tradition française. La capitale du parfum, c'est Grasse, dans le sud de la France. À Grasse, il fait beau et chaud; c'est idéal pour les fleurs! Dans un parfum, il y a beaucoup de fleurs différentes: jasmin, rose, lavande... il y a aussi des fruits: orange, citron... Chaque parfum est un mélange différent.

Dans une fabrique de parfum, le Maître Parfumeur est très important: c'est un chimiste; il choisit la composition des parfums.

En France, beaucoup de jeunes se parfument: quarante-six pour cent des garçons et cinquante-trois pour cent des filles de quinze à vingt-quatre ans utilisent du parfum.

WHERE TO FIND THE MAIN GRAMMAR POINTS

Grammar	Unité	Page
tu and vous eg: Comment allez-vous?/Comment vas-tu?	1	14
un/une – a/an (indefinite article)	2	24
des (plural of un/une)	2	25
le/la/les – the (definite article)	3	33
mon/ma/mes ... my (possessive adjective)	4	40
-ER verbs (present tense) eg: (regarder) Je regarde ...	5	57
Adjectives of colour (describing words)	6	76/77
à la – à l' – au eg: Pour aller à la gare?	7	103
The infinitive eg: J'aime jouer au tennis	8	113

Questions
     Est-ce que tu aimes ... ?
     Tu aimes ... ?
     Aimes-tu ... ?
	8	118

Jouer à + sport **Jouer de + instrument** eg: Je joue au foot Je joue du piano ...	8	118
aller + infinitive Talking about what you are going to do eg: Je vais regarder la télé ce soir	8	121
Reflexive verbs s'appeler/se lever/se coucher	9	132
du – de la – de l' – des eg: Je prends du lait ...	9	138
-IR verbs (present tense) eg: (finir) Je finis ...	10	149
-RE verbs (present tense) eg: (vendre) Je vends ...	11	175
Passé Composé (past tense) eg: (jouer) J'ai joué (aller) Je suis allé(e)	12	184 187

VERBS

1 The present tense ('le présent')

A Three Types

Traditionally verbs are considered in three main groups depending on whether the infinitive ends in **-er (regarder)**, **-ir (finir)** or **-re (vendre)**. Most verbs belong to the **-er** group. There are also some important irregular verbs.

(-ER):	regarder *(to watch/look at)*
Je	regarde
Tu	regardes
Il/elle/on	regarde
Nous	regardons
Vous	regardez
Ils/elles	regardent

Je **ne** regarde **pas**

(-IR):	finir *(to finish)*
Je	finis
Tu	finis
Il/elle/on	finit
Nous	finissons
Vous	finissez
Ils/elles	finissent

Je **ne** finis **pas**

(-RE):	vendre *(to sell)*
Je	vends
Tu	vends
Il/elle/on	vend
Nous	vendons
Vous	vendez
Ils/elles	vendent

Je **ne** vends **pas**

B Uses of the 'présent'

The present tense of verbs has several uses:
(i) to describe actions which take place regularly:
Je prends le petit déjeuner à huit heures.
I have breakfast at 8 o'clock.
(ii) to describe what is happening at the moment:
Je regarde un film d'horreur.
I'm watching a horror film.
(iii) to indicate an action in the near future:
Je joue au tennis ce soir.
I'm playing tennis this evening.

C Some Irregular Verbs

être *(to be)*

Je suis
Tu es
Il/elle/on est
Nous sommes
Vous êtes
Ils/elles sont

avoir *(to have)*

J'ai
Tu as
Il/elle/on a
Nous avons
Vous avez
Ils/elles ont

manger *(to eat)*

Je mange
Tu manges
Il/elle/on mange
Nous mang**e**ons
Vous mangez
Ils/elles mangent

aller *(to go)*

Je vais
Tu vas
Il/elle/on va
Nous allons
Vous allez
Ils/elles vont

faire *(to do/to make)*

Je fais
Tu fais
Il/elle/on fait
Nous faisons
Vous faites
Ils/elles font

sortir *(to go out)*

Je sors
Tu sors
Il/elle/on sort
Nous sortons
Vous sortez
Ils/elles sortent

lire *(to read)*

Je lis
Tu lis
Il/elle/on lit
Nous lisons
Vous lisez
Ils/elles lisent

prendre *(to take)*

Je prends
Tu prends
Il/elle/on prend
Nous prenons
Vous prenez
Ils/elles prennent

vouloir *(to want)*

Je veux
Tu veux
Il/elle/on veut
Nous voulons
Vous voulez
Ils/elles veulent

D Reflexive Verbs

s'appeler *(to be called)*

Je	m'appelle
Tu	t'appelles
Il/elle	s'appelle
Nous	nous appelons
Vous	vous appelez
Ils/elles	s'appellent

se lever *(to get up)*

Je	me lève
Tu	te lèves
Il/elle	se lève
Nous	nous levons
Vous	vous levez
Ils/elles	se lèvent

se coucher *(to go to bed)*

Je	me couche
Tu	te couches
Il/elle	se couche
Nous	nous couchons
Vous	vous couchez
Ils/elles	se couchent

2 Talking about the future

'Aller' plus infinitive

To express an intention (i.e. to say what you are going to do) in French you can use the present tense of **aller** plus an infinitive. For example, if you intend watching TV this evening you can say:
Je vais regarder la télé ce soir
I'm going to watch TV this evening.
(*Je vais* = present tense of *aller; regarder* = infinitive)

Rappel
aller (to go)

Je vais	Nous allons
Tu vas	Vous allez
Il/elle/on va	Ils/elles vont

Remember: you can also use the "présent" to refer to the future, see B (iii) on page 202

3 The 'passé composé'

A When the 'passé composé' is used

If you want to talk about something you did yesterday, last week, last month, etc. you use the present tense of the verb **avoir** plus the past participle of the verb e.g. *joué* is the past participle of the verb *jouer*, *fini* is the past participle of *finir*, *vendu* is the past participle of *vendre*. With some verbs you use *être* instead of *avoir*.

B Some verbs with avoir

J'	ai	
Tu	as	
Il/elle/on	a	joué (au basket hier)
Nous	avons	*played (basketball yesterday)*
Vous	avez	
Ils/elles	ont	

Je **n**'ai **pas** joué

Verb	Past Participle	Example
faire *(to do)*	fait	J'ai fait mes devoirs
avoir *(to have)*	eu	J'ai eu un accident
prendre *(to take)*	pris	J'ai pris l'autobus
voir *(to see)*	vu	J'ai vu un bon film samedi dernier
lire *(to read)*	lu	J'ai lu un bon livre
boire *(to drink)*	bu	J'ai bu un orangina

C Some verbs with 'être'

Some very commonly used verbs in French (mostly verbs of coming and going) form the *passé composé* with the present tense of **être** (instead of *avoir*) plus the past participle.
Je suis allé au cinéma hier soir.
An '**e**' must be added to the past participle if the subject is feminine, and an '**s**' if it is plural. (This is because the past participle is like an adjective, and agrees in gender and number with the subject of the sentence)

Il est allé au cinéma.   Ils sont allé**s** au cinéma.
Elle est allé**e** au cinéma.   Elles sont allé**es** au cinéma.

Here are some common verbs which use être in the **passé composé**:

Verb	Past Participle	Verb	Past Participle
aller	allé *(to go)*	venir	venu *(to come)*
arriver	arrivé *(to come)*	partir	parti *(to leave)*
entrer	entré *(to go in)*	sortir	sorti *(to go out)*
rentrer	rentré *(to go home)*		

	aller	je	suis allé(e)	
		tu	es allé(e)	
		il/elle/on	est allé(e)(s)	Je **ne** suis **pas** allé(e)
		nous	sommes allé(e)s	
		vous	êtes allé(e)(s)	
		ils/elles	sont allé(e)s	

Lexique

A
accord(m) agreement
achat(m) shopping
acheter to buy
acier(m) steel
affaires(f,pl) things
agneau(m) lamb
agriculteur(m) farmer
aider to help
aile(f) wing
aimer to like, love
aîné(e)(m,f) the eldest
ajouter to add
allemand(e)(m,f) German, German person
aller to go
allumer to light, strike
alouette(f) skylark
amener to bring
ami(e)(m,f) friend
amicalement best wishes
amitiés(f,pl) best wishes
amusant(e) funny
s'amuser to enjoy oneself
an(m) year
anglais(e)(m,f) English, English person
année(f) year
anniversaire(m) birthday
annonce(f) advertisement
s'appeler to be called
appréciation(f) comment
apprendre to learn
après after
après-midi(m) afternoon
arbre(m) tree
arc(m) arch
argent(m) money
argile(f) red clay

armoire(f) wardrobe
s'arrêter to stop
arrivée(f) arrival
artisanal(e) craft
arts ménagers(m,pl) Home Economics
assez quite, enough
assiette(f) plate
assuré(e) guaranteed
astuce(f) trick
attachant(e) lovable
attendre to wait (for)
attentivement carefully
au revoir goodbye
auberge de jeunesse(f) youth hostel
aujourd'hui to-day
aussi also
autant as many
autobus(m) bus
autoroute(f) motorway
autre(m,f) another
Autriche(f) Austria
avant before
avec with
aventure(f) adventure
avion(m) airplane
avis(m) opinion
avoir to have

B
babyfoot(m) table football
baguette(f) French bread
se baigner to swim
baignoire(f) bath
baiser(m) kiss
balance(f) Libra
baleine(f) whale
bande dessinée(f) comic
banlieue(f) suburbs
bas low
bateau(m) boat
bâtiment(m) building
batterie(f) drums
bavarder to chat
beau (belle) handsome, beautiful,
(il fait) beau the weather is fine
beaucoup a lot, many
bec(m) beak
belge(m,f) Belgian
Belgique(f) Belgium
bélier(m) Aries
berger(m) shepherd
bête stupid
beurre(m) butter
bibliothèque(f) library
bien good, well
bien sûr of course
bientôt soon
bifteck(m) steak
bijou(m) jewel
billet(m) note
bise(f) kiss
bizarre strange, odd, unusual
blague(f) joke
blanc (blanche) white
blanc(m) blank
boire to drink

boisson(f) drink
boîte(f) disco, box
bon(bonne) good, right, correct
bon après-midi(m) good afternoon
bonbon(m) sweet
bonjour(m) hello
bonne nuit(f) good night
bonsoir(m) good evening
botte(f) boot
boucherie(f) butcher's shop
boulangerie(f) bakery
boum(f) party
bousculer to bump into
bref (brève) brief
brosser to brush
bruit(m) noise
brûler to burn
bûche(f) log
buffet(m) snack-bar in a station
bulletin(m) report
bureau(m) desk, office

C
cacher to hide
cadeau(m) present
café(m) coffee, restaurant, snack bar
cahier de texte(m) homework journal
cahier(m) copy
camionneur(m) lorry-driver
campagne(f) countryside, campaign
canapé(m) couch
cancérologue(m) cancer specialist
car de ramassage scolaire(m) school-bus
carnet(m) notebook
cartable(m) schoolbag
carte postale(f) postcard
carte(f) card, map
case(f) box
cave(f) cellar
centre aéré(m) activity centre
cesser to cease, stop
chahuter to mess
chaise(f) chair
chaleur(f) heat
chambre(f) bedroom
chance(f) luck
chanson(f) song
chanter to sing
chanteur (chanteuse)(m,f) singer
chaque every, each
charcuterie(f) pork-butcher's
charmant(e) charming
chasse(f) hunting, shooting
château(m) castle
chat(m) cat
chaud(e) warm, hot
cheminée(f) fireplace
chemin(m) way
chenil(m) kennel
chèque de voyage(m) traveller's cheque
cher (chère) dear, expensive
chercher to look for, get
cheval(m) horse
cheveux(m,pl) hair
chez-moi in my house, at home
chien(m) dog

chiffre(m) number
chimie(f) chemistry
chiot(m) puppy
chips(m,pl) crisps
choisir to choose
choix(m) choice
chômeur (chômeuse)(m,f) unemployed (person)
chose(f) thing
chou(x)(m)(pl) cabbage
ci-dessous below
ciel(m) sky
cigogne(f) stork
clair light
clef(f) key
cobaye(m) guinea-pig
cocher to tick
cochon(m) pig
se cogner to bump into
collectionner to collect
collège(m) secondary school (junior cycle)
colline(f) hill
combien how much, how many
comme as
commencer to start, begin
comment how
commentaire(m) comment, remark
commissariat de police(m) police station
complet (complète) full
comprendre to understand
compter to count
confiture(f) jam
congé(m) holiday
connu(e) known
consigne(f) rules, instructions
construire to make, build
content(e) happy
conteur (m) story teller
contre against
copain (copine)(m,f) friend
coq(m) cock
correspondant(e)(m,f) penpal
correspondre to link, correspond
Corse(f) Corsica
à côté de beside
côte(f) coast
côtelette(f) chop
se coucher to go to bed
couffin(m) baby carrier
couloir(m) corridor
courir to run
cours(m) lesson, class
court(e) short
couteau(m) knife
coûter to cost
craie(f) chalk
crayon(m) pencil
créer to create
crier to shout
cri(m) shout
croire to think, believe
cuisine(f) kitchen, cooking
cuisiner to cook
cuisinière(f) cooker

D
d'accord agreed
dans in
début(m) beginning
découvrir to discover
décrire describe
dedans inside
défense(f) security
défense (d'éléphant)(f) tusk
défiler to parade
dehors outside
déjà already
déjeuner(m) lunch
demain to-morrow
demander to ask
se demander to wonder
déménager to move house
demi(e) half
depuis since
dernier (dernière) last
derrière behind
descendre to go down
dessin(m) drawing, Art
dessins animés(m,pl) cartoons
dessous below
dessus de lit(m) bed spread
devant in front of
deviner to guess
devoir(m) exercise
d'habitude usually
Dieu(m) God
dinde(f) turkey
dire to say
disparaître to disappear
disque(f) record
divers various
documentation(f) library period
dommage it's a pity
donner to give
dossier(m) file, folder
doux (douce) gentle
dresser to train
droite right
dur(e) hard

E
eau(f) water
(à l') écart(m) apart
échanger to exchange
école(f) school
économie(f) Economics
écouter to listen
écrire to write
écurie(f) stable
éducation physique(f) Physical Education
effeuiller to peel (petals)
église(f) church
égoïste selfish
élève(m,f) pupil
éliminer to eliminate
(s') éloigner to move away
élu(e) elected
embrasser to kiss
émission(f) programme
emploi du temps(m) timetable
emprunter to borrow
en avance early
enchanté(e) delighted
encore yet, again, still
enfant(m,f) child
enfin finally, at last
ennuyeux (ennuyeuse) boring
enregistrer to record
enseignement(m) teaching
ensemble altogether
ensuite then, next
entendre to hear
entre between
entrée(f) hall, starter (at a meal)
entrer to enter
envie(f) wish, desire
environ about
envoyer to send
épeler to spell
équipe(f) team
équitation(f) horse-riding
escalier(m) stairs
Espagne(f) Spain
espagnol(e)(m,f) Spanish, Spaniard
espèce(f) type, kind
espérer to hope
essayer to try
est(m) east
étable(f) cow shed
établir to set up, establish
étage(m) floor
étagère(f) shelf
États-Unis(m,pl) United States
étoile(f) star
étranger (étrangère)(m,f) foreigner
être to be
étude(f) study period
étudier to study
évaluer to assess
exact(e) correct
expérience(f) experiment
exposition(f) exhibition
(à l') extérieur de outside
extra great

F
facile easy
façon de(f) way of
faible weak
(avoir) faim (to be)hungry
faire to do, make
faire semblant to seem
falaise(f) cliff
fatiguant(e) tiring
fatigué(e) tired
(il) faut it is necessary
fauteuil(m) armchair
faux (fausse) false
femme(f) wife, woman
fenêtre(f) window
ferme(f) farm
fermer to close
fête des rois(f) Epiphany
fête(f) outdoor festivities
feuilleton(m) serial
feutre(m) felt-pen
fève(f) bean (found in epiphany cake)
ficher le camp to clear off
fidèle faithful
se fier à to trust

fille *(f)* girl, daughter
fils *(m)* son
fin *(f)* end
(en) flagrant délit caught in the act
fleur *(f)* flower
(jouer au) flipper play the pin-ball machines
fois *(f)* times/once
folie *(f)* madness
foncé(e) dark
fonctionnaire *(m,f)* civil servant
fonder to set up/found
forêt *(f)* forest
fort(e) strong, good at
fou (folle) crazy
fourchette *(f)* fork
franc (franche) frank
français(e) French, French person
frère *(m)* brother
frigo *(m)* fridge
frites *(f,pl)* chips
froid *(m)* cold
fromage *(m)* cheese
fumer to smoke

G
gaélique *(m)* Irish
gagnant *(m)* winner
gagner to win
galette *(f)* cake
garçon *(m)* boy
gare *(f)* station
gâteau *(m)* cake
gauche left
gémeaux Gemini
généralement usually
génial(e) great, fantastic
gens *(m,pl)* people
gentil (gentille) kind, nice
glacé(e) freezing, iced
glace *(f)* mirror, ice-cream
gomme *(f)* rubber
gourmand(e) greedy
goûter to have a snack
graine *(f)* seed
grand(e) big, tall
Grande Bretagne *(f)* Great Britain
grandes vacances *(f,pl)* summer holidays
grand-mère *(f)* grandmother
grand-père *(m)* grandfather
grasse-matinée *(f)* lie in, sleep late
grave serious
grenier *(m)* attic
gris(e) grey
grognon grumpy
gros big, fat
guerre *(f)* war
gymnase *(m)* sport's hall

H
habiter to live
habituel (habituelle) usual
hachis parmentier *(m)* shepherd's pie
haricots *(m,pl)* beans
haut(e) high
herbe *(f)* grass

heure *(f)* hour, time
heureux (heureuse) happy
hier yesterday
histoire *(f)* history, story
homme *(m)* man
honte *(f)* shame
horaire *(m)* hours, timetable
horloge *(f)* clock
hors d'oeuvre *(m)* starter (at a meal)
houille *(f)* coal
huile *(f)* oil

I
ici here
il y a there is, there are
île *(f)* island
image *(f)* picture
immeuble *(m)* block of flats
impressionnant(e) impressive
infirmière *(f)* nurse
informaticien *(m)* computer programmer
informatique *(f)* computer studies
injuste unfair
s'inscrire to enrol
instituteur (institutrice) *(m,f)* primary school teacher
instruction civique *(f)* Civics
instruction religieuse *(f)* Religion class
interdit(e) forbidden
intéressant(e) interesting
intérieur *(m)* inside
irlandais (irlandaise) Irish, Irish person
italien (italienne) Italian, Italian person

J
jambon *(m)* ham
japonais(e) Japanese
jardin *(m)* garden
jeu de rôle *(m)* role play
jeu *(m)* game
jeune young
joli(e) nice, pretty
jouer to play, act
jouet *(m)* toy
joueur playful
jour *(m)* day
journal *(m)* newspaper
journée *(f)* a day
joyeux (joyeuse) joyful
jus de pomme *(m)* apple juice
justaucorps *(m)* leotard
juste only, fair

L
là there
là-bas over there
laisser to leave
lait *(m)* milk
laitue *(f)* lettuce
langue vivante *(f)* modern language
lapin *(m)* rabbit
laquelle which
lavabo *(m)* wash-hand basin
laver to wash
laver le linge to wash clothes

lecteur (lectrice) *(m,f)* reader
lecture *(f)* reading
léger (légère) light
légume *(m)* vegetable
lequel which
leur their
se lever to get up
lexique *(m)* glossary
librairie *(f)* bookshop
libre free
lieu *(m)* place
ligne *(f)* line
lion *(m)* Leo
lire to read
lit *(m)* bed
livre *(m)* book
loin far
loisirs *(m,pl)* leisure activity, hobby
longtemps a long time
lui him
luire to shine brightly
lumière *(f)* light
lycée *(m)* secondary school (senior cycle)

M
mâcher to chew
machine à laver *(f)* washing machine
magasin *(m)* shop
magnétophone *(m)* tape-recorder
maintenant now
maire *(m)* mayor
mairie *(f)* town hall
mais but
maison des jeunes *(f)* youth club
maison *(f)* house
mal badly
malade sick
maladie *(f)* disease
malgré in spite of
manger to eat
manifestation *(f)* demonstration
manquer to miss
maquette *(f)* model(plane)
marchand(e) *(m,f)* salesperson
marché *(m)* market
marcher to walk
marguerite *(f)* daisy
mari *(m)* husband
marron brown, walnut
(l'école) maternelle play-school
matière *(f)* subject
matin *(m)* morning
mauvais(e) bad
médicament *(m)* medicine
même even, same
ménage *(m)* housework
mer *(f)* sea
mère de famille *(f)* housewife
mère *(f)* mother
métier *(m)* profession
mettre to put
meubles *(m,pl)* furniture
mieux better
mobylette *(f)* moped
mode *(f)* fashion
moins minus, less

mois(m) month
moitié(f) half
monde(m) world, people
montagne(f) mountain
monter to go up
montre(f) watch
moquette(f) carpet
morceau(m) piece
mort(e) dead
mot(m) word
moto(f) motorbike
mouette(f) sea-gull
mourir to die
mouton(m) sheep
moyen (moyenne) average
muguet(m) lily of the valley
mur(m) wall
museau(m) snout

N

naître to be born
natation(f) swimming
né(e) born
neige(f) snow
nid(m) nest
n'importe qui anybody at all
Noël(m) Christmas
noir(e) black
nom(m) name, noun
nord(m) north
note(f) mark
nouilles(f,pl) pasta
nourrice(f) childminder
nourriture(f) food
nouveau (nouvelle) new
à nouveau once again
nouvelle(f) news
nuit(f) night
nul (nulle) useless
numéro(m) number

O

obligatoire compulsory
s' occuper de to take care of
oeil(m) eye
oeuf(m) egg
oiseau(m) bird
oncle(m) uncle
ordinateur(m) computer
oreille(f) ear
or(m) gold
os(m) bone
ou or
où where
oublier to forget
ouest(m) west
ouvrier (ouvrière)(m,f) worker
ouvrir to open

P

pain(m) bread
paix(f) peace
papier peint wallpaper
papier(m) paper

papillon(m) butterfly
Pâques Easter
parce que because
paresseux (paresseuse) lazy
parfois sometimes
parler to speak
partager to share
partir to leave, go off
passer to spend, pass(by)
passer l'aspirateur to hoover
passe-temps(m) pastime
passionnant(e) exciting
pâtisserie(f) cakeshop
patron (patronne)(m,f) boss
patte(f) paw
pavillon(m) house
payer to pay for
pays(m) country
paysage(m) landscape, scenery
peinture(f) painting
pellicule(f) film (for camera)
pelouse(f) lawn
(se) pencher to bend over
pendant during, for
penser to think
père(m) father
perroquet(m) parrot
perruche(f) budgie
peser to weigh
petit small, short
petit déjeuner(m) breakfast
peu little, few
peut-être perhaps
pharmacien(m) chemist
phrase(f) sentence
pièce(f) room
pied(m) foot
ping-pong(m) table-tennis
piscine(f) swimming pool
pitre(m) "messer"
placard(m) press
plage(f) beach
se plaindre to complain
plaisir(m) pleasure
plan(m) map
plat de résistance(m) main course
plat principal(m) main course
plein(e) a lot of, full
pleuvoir to rain
pluie(f) rain
plumer to pluck
plumier(m) wooden pencil case
plus more, most, plus
plusieurs many
poésie(f) poetry
plutôt rather
poil(m) hairs
poire(f) pear
pois(m,pl) peas
poisson(m) fish, Pisces
poisson rouge(m) goldfish
pomme(f) apple
pomme de terre(rôtie)(f) potato (roast)
pont(m) bridge
porcherie(f) pig-sty
porc(m) pork
porte(f) door

porte-monnaie(m) wallet
porte-plume(m) fountain pen
porter to wear
poser to put
poste(f) post-office
poulailler(m) hen-house
poule(f) hen
poulet(m) chicken
pourquoi why
pousser to push, let out
pouvoir to be able
préféré(e) favourite
premier (première) first
prendre to take
prénom(m) christian name
près near
présenter to introduce
se présenter to introduce oneself
prêter to lend
prix(m) price
prochain(e) next
professeur(m) teacher
profession(f) occupation, profession, job
promenade(f) walk
se promener to go for a walk
(à) propos de about
protéger to protect
prouver to prove
publicité(f) advertising
puis then, next
puisque since
punition(f) punishment
pupitre(m) school desk
purée(f) mashed potato

Q

quand when
quartier(m) area, district
quart(m) quarter
quelquefois sometimes
quelqu'un someone
queue(f) tail, queue
qui who
quotidien (quotidienne) daily

R

raccrocher to put down the phone
raconter to tell, relate
ramasser to gather up
ramer to row
randonnée(f) a walk
ranger to tidy up
rater to miss
réaliser to accomplish
recette(f) recipe
reconnaissant(e) grateful
reconnaître to recognize
recopier to copy out
récréation(f) break, recreation
regarder to look
règle(f) ruler
règlement(m) rules
regretter to be sorry
reine(f) queen
relire to read again